修好共产党人的『心学』

孙兵 — 著

人民东方出版传媒
People's Oriental Publishing & Media
東方出版社
The Oriental Press

前言

中国共产党面临着执政考验、改革开放考验、市场经济考验、外部环境考验，存在着精神懈怠的危险、能力不足的危险、脱离群众的危险、消极腐败的危险。这“四大考验”与“四种危险”是长期的、严峻的，时刻侵蚀着共产党人的健康肌体，时刻冲击着共产党人的思想意识，时刻考验着共产党人的政治定力！中国共产党最讲党性，中华优秀传统文化最重“心”。聚焦“四大考验”与“四种危险”，聚焦实践过程中遇到的新问题，习近平总书记在坚持把马克思主义基本原理同中国具体实际相结合、同中华优秀传统文化相结合的基础上，提出要修炼共产党人的“心学”。

随着经济社会的发展变化，共产党人的“心学”对党员干部精神家园进行了重构和重塑。本书立足“不忘初心”“公心实干”“正心诚意”三个维度，从“政治三力”之敬心、理想信念之诚心、人民至上之恒心、实事求是之实心、开拓创新之雄心、敢于斗争之慧心、自我革命之律心、艰苦奋斗之乐心共同建构起共产党人的“心学”。共产党人的“心学”鼓舞着新征程上的党员干部“敬心主一”，心怀“国之大者”；诚心弘志，实践高远理想；以“恒”持心，深悟人民至上；实心实能，探规律、明真理；雄心壮志，以集体主义精神建功立业；慧心妙用，敢于斗争、善于斗争；自律韵律，以志克欲、“天爵”自由；真乐本心，理想从艰苦起飞、“众乐”促奋斗之能！

修炼共产党人的“心学”是党员干部立身、立业、立言、立德的基石，也是一个终身课题。习近平总书记指出：“党性不可能随着党龄的增加而自然增强，也不可能随着职务的升迁而自然增强，必须在严格的党内生活锻炼中不断增强。”要修炼共产党人的“心学”，必须用马克思主义最新理论成果武装头脑，用中华优秀传统文化正心诚意，补足精神之“钙”，铸牢思想之“魂”，真正做到忠诚、干净、担当，真正超越“小我”、走向“大我”、练就“无我”。

目　录

第一章

党性是共产党人的“心学”

党性教育是共产党人修身养性的必修课，也是共产党人的“心学”。

——2015 年 12 月 11 日，习近平总书记在全国党校工作会议上的讲话中国共产党是从革命胜利中走出来的马克思主义政党，在社会主义建设和改革开放的不同时期，始终重视党性，始终坚持党性修养，这是由政党属性、历史使命、现实要求决定的。马克思主义讲的党性是以人类社会发展规律为指导，以实现无产阶级根本利益为出发点，遵守政治纪律，维护组织权威，以强大的组织力行动力改造世界，其核心是实践性、人民性。中国共产党将马克思主义党性观与中国的具体问题相结合，与中华优秀传统文化相结合，创造性地提出了“党性修养”观，不断推进马克思主义中国化时代化理论与实践创新。针对“建设什么样的长期执政的马克思主义政党、怎样建设长期执政的马克思主义政党”的重大问题，借鉴中华优秀传统文化，中国共产党进一步提出了党性修养“心学”观，即“党性教育是共产党人修身养性的必修课，也是共产党人的‘心学’”。

一、马克思主义党性观

什么是无产阶级政党的党性（以下简称“党性”）？马克思、恩格斯提出：“一方面，在无产者不同的民族的斗争中，共产党人强调和坚持整个无产阶级共同的不分民族的利益；另一方面，在无产阶级和资产阶级的斗争所经历的各个发展阶段上，共产党人始终代表整个运动的利益。因此，在实践方面，共产党人是各国工人政党中最坚决的、始终起推动作用的部分；在理论方面，他们胜过其余无产阶级群众的地方在于他们了解无产阶级运动的条件、进程和一般结果。”[①]在深入研究马克思主义理论的基础上，在认真总结苏联社会主义革命和建设的经验中，列宁将党性概括为哲学的阶级性、政党组织的团结性、党员的纪律性的统一。从马列经典著作中不难发现，马克思主义党性观是以人类社会发展规律为指导，以无产阶级根本利益为旨向，遵守政治纪律，维护组织权威，以强大的组织力、行动力改造世界的。

（一）党性遵循人类社会发展规律

什么是人类社会发展规律？1848年，马克思、恩格斯在《共产党宣言》中明确概括了人类社会发展的总规律，他们指出：“每一历史时代主要的经济生产方式和交换方式以及必然由此产生的社会结构，是该时代政治的和精神的历史依赖以确立的基础”，“因此人类的全部历史……都

① 马克思、恩格斯：《共产党宣言》，人民出版社2014年版，第41页。

是阶级斗争的历史”。[①]

资本主义社会充分体现了经济生产规律与阶级斗争规律的相互作用，使人类社会拥有了打破人压迫人这一“千年魔咒”，实现“自由而全面发展”的共产主义社会的可能性。通过对资本主义社会及其生产力运动状况的剖析，马克思、恩格斯发现了一条“‘资本’自由，而‘人’不自由”的运动逻辑：高度发达的生产力是资产阶级获得统治权的基础，使人“异化”，并且随着生产力与生产关系的运动变化，又孕育出了一种推翻自己的物质力量——经济危机。每次经济危机爆发，工业、商业、市场全面停顿，工人大批失业，资本主义社会呈现近乎“毁灭”性的经济滑坡。对此，马克思、恩格斯把经济危机比喻为“社会瘟疫”“饥荒”“毁灭性战争”。

我们不禁要问，造成资本主义经济危机的根源是什么？究其根本是社会化大生产与生产资料私人占有之间的矛盾，是生产资料私有制与高度发达的生产力之间不可调和的矛盾。资产阶级因为“资本”而获得统治权，但在不断扩大的经济活动中，资产阶级也逐渐变成资本的奴隶。资产阶级越是牢牢守护私有财产，越是拼命借助资本增殖来增加私人财富，它就越被“资本”一次又一次拖入经济危机的怪圈，而每一次经济危机都酝酿着无产阶级与资产阶级之间尖锐的阶级斗争，都酝酿着人类社会摒弃“私有制”，而向生产力高度发达的“公有制”社会迈进的可能性。从人类社会发展规律出发，在深入剖析资本主义主要矛盾的基础上，马克思、恩格斯进一步指出，资产阶级获得权力的路径为无产阶级提供了现实教材，资本逐利的天性造成的经济危机为无产阶级夺取政权提供

① 马克思、恩格斯：《共产党宣言》，人民出版社 2014 年版，第 12 页。

了最有利契机。马克思主义思想武器为无产阶级政党提供了科学指导，这些要素将促使无产阶级敢于同资产阶级展开现实斗争，用暴力夺取政权，在资本主义生产力最发达的西欧国家率先爆发社会主义革命，建立社会主义国家。

列宁所处的时代，资本主义社会已经进入帝国主义阶段。列宁在总结分析帝国主义阶段的新变化、新特点时指出：“世界历史发展的一般规律，不仅丝毫不排斥个别发展阶段在发展的形式或顺序上表现出特殊性，反而是以此为前提的。”①站在新的时代起点上，全球的社会主义革命不是必然在资本主义经济高度发达的西欧国家发生，领导伟大的世界运动的任务而是光荣地落到了“落后国家”的身上。列宁鲜明提出，苏俄的无产阶级政党必须在资产阶级民主革命中取得领导权，必须将民主革命转变为社会主义革命，必须领导人民跨越资本主义的“卡夫丁峡谷”直接进入社会主义阶段。列宁主导的俄国社会主义道路曾遭到来自第二国际与俄国小资产阶级民主派孟什维克的激烈反对。第二国际领导人考茨基将苏俄社会主义比喻为“一个怀孕妇女，她疯狂万分地猛跳，为了把她无法忍受的怀孕期缩短并且引起早产。这样生下来的孩子，通常是活不成的”②。孟什维克理论家苏汉诺夫曾指出，俄国不具备建立社会主义国家的条件，因为俄国生产力水平低下，无法支持社会主义生产关系，俄国必须充分发展资本主义后再走社会主义道路。针对以上论调，列宁尖锐地指出，这些自称马克思主义者的理论家抛弃了唯物主义辩证法，对马克思主义的理解只流于文字表面，机械套用社会发展的一般规律。东

---

①《列宁全集》第四十三卷，人民出版社 2017 年版，第 374 页。

② 中共中央编译局编：《考茨基言论》，生活·读书·新知三联书店 1966 年版，第 295 页。

方落后国家可以首先通过革命夺取全国政权，建立无产阶级专政，然后以政治权力建立新的生产关系，通过新的生产关系推动生产力发展，走出一条以政治变革、文化变革推动经济变革的社会主义发展新道路。十月革命的胜利、苏联的建立，正是对列宁关于社会发展规律认识的现实印证。

（二）党性检验无产阶级政党的理论水平与实践能力

马克思主义不是书斋的学说，而是立足实践、作用实践、指导实践的理论。苏联社会主义革命和建设的实践证明，“马克思主义要求我们对每个历史关头的阶级对比关系和具体特点作出经得起客观检验的最确切的分析”[①]。同时，运用好、发展好马克思主义，“无产阶级要在决定关头强大到足以取得胜利，就必须（马克思和我从 1847 年以来就坚持这种立场）组成一个不同于其他所有政党并与它们对立的特殊政党，一个自觉的阶级政党”[②]。无产阶级政党是用马克思主义思想武装的党，是思想力与行动力有机统一的党。它正如马克思所说的那样：“哲学把无产阶级当做自己的物质武器，同样，无产阶级也把哲学当做自己的精神武器。”[③]马克思、恩格斯是科学社会主义理论的创建者，列宁是世界上第一个社会主义国家的缔造者。在现实行动中，马克思列宁主义给物质世界、精神世界带来了根本性变革，也给无产阶级政党带来了最大启迪和最艰巨的挑战。

历史是最好的教科书。列宁在领导社会主义革命和建设的历程中，

---

①《列宁选集》第三卷，人民出版社 2012 年版，第 24 页。

②《马克思恩格斯文集》第十卷，人民出版社 2009 年版，第 578 页。

③《马克思恩格斯选集》第一卷，人民出版社 2012 年版，第 16 页。

始终面临来自“同志者”的质疑。这些质疑不是空穴来风，而是来自马克思、恩格斯的具体主张与列宁领导建立的社会主义模式之间的明显差异，而差异的焦点就是决定论。这是什么样的决定论？1877年，米海洛夫斯基在《卡尔·马克思在尤·茹柯夫斯基先生的法庭上》一文中指出，按照马克思提出的人类社会发展规律，俄国必须经历资本主义才能建立无产阶级专政。由此可见，这个决定论就是指经济基础对上层建筑的绝对决定作用。

然而，什么才是马克思主义决定论？马克思曾在《给〈祖国纪事〉杂志编辑部的信》中写道，不能将他建立在西欧发达资本主义国家的历史发展逻辑基础上得出的无产阶级发展道路作为普遍公式，而使所有不同类型的国家、民族都遵循此公式开辟新道路。马克思直接批评米海洛夫斯基篡改了他的思想，他指出：“一切民族，不管它们所处的历史环境如何，都注定要走这条道路，——以便最后都达到在保证社会劳动生产力极高度发展的同时又保证每个生产者个人最全面的发展的这样一种经济形态。但是我要请他原谅。（他这样做，会给我过多的荣誉，同时也会给我过多的侮辱。）”① 恩格斯进一步指出：“无论马克思或我都从来没有肯定过比这更多的东西。如果有人在这里加以歪曲，说经济因素是唯一决定性的因素，那么他就是把这个命题变成毫无内容的、抽象的、荒诞无稽的空话。经济状况是基础，但是对历史斗争的进程发生影响并且在许多情况下主要是决定着这一斗争的形式的，还有上层建筑的各种因素。”② 因此，马克思主义决定论是建立在人类社会发展规律之上

①《马克思恩格斯选集》第三卷，人民出版社2012年版，第730页。
②《马克思恩格斯选集》第四卷，人民出版社2012年版，第604页。

的，不仅指的是经济基础决定上层建筑，还有上层建筑反作用于经济基础。

马克思晚年的东方社会理论是对于东方社会的经济结构、历史发展规律、未来发展道路的深刻探索。该理论在比较东西方社会不同之处的同时，也留下了如下待解的课题：以何种形式建立社会主义国家、建设什么样的社会主义国家以及怎样建设社会主义国家？这成为苏俄、中国等经济落后国家无产阶级政党面临的重大课题和第一难题。在革命实践中，苏联共产党和中国共产党结合现实，对马克思主义进行了丰富发展，分别形成了列宁主义、毛泽东思想，并且立足本国实际建立了苏维埃社会主义共和国联盟和中华人民共和国。

（三）党性体现无产阶级政党无私坚毅的精神品质

无产阶级革命导师马克思、恩格斯、列宁的党性观是“三位一体”的，即哲学（思想理论）的唯物主义、政党组织的团结统一、党员的遵纪守规相统一，且这三者都指向同一个目标—— 一切都是为了无产阶级利益，为绝大多数人谋利益。作为党性的主体，无产阶级政党必须将自我锻造成人类历史上最富革命精神与自我牺牲精神的党派，党员个人必须将“自我改造”作为终身使命。马克思、恩格斯从未将无产阶级政党作为脱离于社会关系之外的“人群”，他们始终告诫无产阶级政党“无论为了使这种共产主义意识普遍地产生还是为了实现事业本身，使人们普遍地发生变化是必需的，这种变化只有在实际运动中，在革命中才有可能实现；因此革命之所以必需，不仅是因为没有任何其他的办法能够推翻统治阶级，而且还因为推翻统治阶级的那个阶级，只有在革命中才能抛掉自己身上的一切陈旧的肮脏东西，才能胜任重建社会的工作”[①]。

如何成为社会的“新基础”？马克思指出：“如果我们选择了最能为人类福利而劳动的职业，那么，重担就不能把我们压倒，因为这是为大家而献身；那时我们所感到的就不是可怜的、有限的、自私的乐趣，我们的幸福将属于千百万人，我们的事业将默默地、但是永恒发挥作用地存在下去，而面对我们的骨灰，高尚的人们将洒下热泪。”[②]这揭示了无产阶级政党党员最鲜明的精神特征——无私和坚毅。党员无私和坚毅的精神品格是落实党性、彰显党性的根基，它们首先体现在无产阶级政党建设中，那就是坚决纠正个人“绝对自由”的错误观念，自觉自愿地服从组织的集中统一领导。恩格斯曾指出：“为了进行斗争，我们必须把我们的一切力量拧成一股绳，并使这些力量集中在同一个攻击点上。如果有人向我说，权威和集中在任何情况下都是两种应当加以诅咒的东西，那末我就认为，说这种话的人，要么不知道什么叫革命，要么只不过是口头革命派。”[③]因为“没有权威，就不可能有任何的一致行动。不论这是多数表决人的意志，还是作为领导机构的委员会的意志，……而没有这种统一的和指导性的意志，要进行任何合作都是不可能的”[④]。

十月革命之前的俄国，小生产者占人口多数，生产效率低下，经济贫困，社会落后。从 19 世纪末到 20 世纪初，连续十几年的时间，俄国社会民主党内部的各个小组缺乏统一的路线方针，各个小组自行其是，抗拒纪律，抗拒统一领导，严重破坏了政党的凝聚力、战斗力、执行力。

---

①《马克思恩格斯选集》第一卷，人民出版社 2012 年版，第 171 页。

②《马克思恩格斯全集》第四十卷，人民出版社 1982 年版，第 7 页。

③《马克思恩格斯全集》第三十三卷，人民出版社 1973 年版，第 378 页。

④《马克思恩格斯文集》第十卷，人民出版社 2009 年版，第 372 页。

列宁在从事俄国革命和创建新型政党的实践中，不断同小组习气和各种派别活动进行坚决斗争。在这个过程中，列宁始终告诫党员，无产阶级政党内部必须实行极严格的集中和极严格的纪律，改正党员身上的小资产阶级的懦弱性、涣散性、个人主义，以及情绪上常常出现的时而狂热，时而灰心丧气。为此，党员必须自觉服从党的组织，自觉接受组织领导。列宁在《论高喊统一而实则破坏统一行为》中强调：“哪里大多数觉悟工人在明确的决议指导下团结起来了，哪里就有统一的意见和行动，哪里就有党性和党。”①在《关于成立多数派委员会常务局的通知》中，列宁指出：“坚持党性，反对小组习气；……坚持无产阶级的组织和纪律，反对瓦解组织分子。”②列宁在《游击战争》中指出：“使风纪败坏的，不是游击战争，而是游击行动缺乏组织性，缺乏秩序，缺乏党性。”③随着阶级斗争形势的不断发展，列宁更加强烈感受到无产阶级政党的组织性与纪律性是确保斗争胜利的关键。因此，他将政党的政治、组织、纪律、作风等列入党性。

二、中国共产党的党性修养观

马克思主义党性观的核心是实践性、人民性，它强调无产阶级政党以实现共产主义为奋斗目标，以人类社会发展规律为指导，以保障无产阶级利益为根本目的，以遵守组织纪律为保障，以党的团结统一、步调一致确保斗争的胜利，以党员的自我改造确保共产主义思想意识的不断

①《列宁全集》第二十五卷，人民出版社 2017 年版，第 205 页。

②《列宁全集》第九卷，人民出版社 2017 年版，第 53 页。

③《列宁全集》第十四卷，人民出版社 2017 年版，第 7 页。

提升。十月革命一声炮响，给中国送来了马克思列宁主义。中国共产党从诞生那一天起，就在思考、探索、回答“马克思主义理论如何指导中国实际”这一课题。在这个过程中，中国共产党将马克思列宁主义党性观与中国的具体实际相结合，与中华优秀传统文化相结合，创造性地提出了党性修养观，不断推进马克思主义中国化时代化理论与实践创新。党性修养突出强调党员个体自觉肩负起对共产主义理想的实践责任，对人民群众的领导责任，对民族国家的建设责任，立志进行自我政治水平的改造、干事能力的改造、思想道德的改造。可以说，中国共产党的党性修养观将实践性、人民性与党员个体顶天立地的人格相融合，使马克思列宁主义的理想、理念、理论融于党员个体干事创业的能力上与大公无私的品德中，以此吸引、凝聚广大人民群众自觉加入伟大理想的追求中、伟大目标的奋斗中、伟大事业的建设中。

（一）党性修养始于理想

中国共产党对古代儒家“天命之谓性，率性之谓道，修道之谓教”的修身逻辑进行了创造性转化，将其融于马克思主义党性观的核心，即实践性、人民性、组织纪律性之中，使党员个体的党性透过自身的“知、行”得以彰显，将党性锻炼作为党员个体的终生必修课。中国共产党的百年奋斗历程，是对马克思主义中国化道路、理论、制度、文化的实践探索，是主动开展思想建设、政治建设、组织建设、作风建设的实践探索。其中，实践探索的主体是一代代、一批批、一位位鲜活的共产党人。正是由于无数党员个体自觉进行理论改造、思想道德改造、能力改造、作风改造，才能够引领、教育广大人民群众，进而使全体人民从被动变主动、由懦弱变坚强、从涣散走向团结，使中华民族从饱受欺凌走向自信强大。

20世纪20年代，毛泽东就指出，中国社会“固然要有一班刻苦励志的‘人’，尤其要有一种为大家共同信守的‘主义’，没有主义，是造不成空气的”。“主义譬如一面旗子，旗子立起来了，大家才有指望，才知所趋赴。”[①]新民主主义革命与社会主义革命和建设时期，中国共产党的党性，就如同一面在中国人民面前迎风飘扬的旗帜，而扛旗、举旗的人就是与人民群众生活在一起、工作在一起，共克时艰、风雨同舟的共产党人。共产党人以忠诚、干净、担当的道德品格，将革命事业作为第一生命，始终把人民的利益摆在首位，“无论何时何地，坚持正确的原则，同一切不正确的思想和行为作不疲倦的斗争，用以巩固党的集体生活，巩固党和群众的联系”[②]。社会主义建设新时期，实现“四个现代化”的目标考验着中国共产党在新的历史使命面前的无产阶级党性，检验着共产党人面对新问题、解决新矛盾的决心、能力和意志力。共产党人为全体社会主义建设者示范了“有理想、有道德、有文化、有纪律”的社会主义新人的精神气质、精神状态、精神品格和精神风貌，带动广大人民群众以汹涌磅礴之力投入现代化建设征程中。

进入新时代，我们比历史上任何时期都更接近、更有信心和能力实现中华民族伟大复兴的目标。在这一重要历史时刻，党中央明确提出了中国共产党面临的“四大考验”“四种危险”，鲜明指出了全体共产党人实现中华民族伟大复兴的奋斗目标所面临的新问题、新任务、新挑战。习近平总书记结合新时代、新目标、新使命，将理想信念作为共

① 中共中央文献研究室、中共湖南省委《毛泽东早期文稿》编辑组编：《毛泽东早期文稿》，湖南人民出版社1990年版，第554页。

②《毛泽东选集》第二卷，人民出版社1991年版，第361页。

产党人的政治灵魂，向全体党员提出了党性修养新的更高的要求，提出了新时代党性修养的内涵、内容、途径。各行各业的共产党人坚定拥护“两个确立”、坚决做到“两个维护”、自觉增强“四个意识”，自觉在思想上政治上行动上始终同以习近平同志为核心的党中央保持高度一致，不断提高政治判断力、政治领悟力、政治执行力，在人民群众面前展示出无产阶级政党的志气、骨气、底气，勇于斗争，不信邪、不怕鬼、不怕压，知难而进、迎难而上，全力战胜前进道路上的各种困难挑战，团结带领各族人民以中国式现代化全面推进中华民族伟大复兴。

（二）党性修养立足于社会实践

十月革命一声炮响，给中国送来了马克思列宁主义。为什么中国有志于民族革新的志士要信守马克思列宁主义？重要原因之一是苏联社会主义国家的建立。苏联的胜利证明了马克思列宁主义不仅是科学的先进的“学说”，更拥有变革社会的实践力量。因此，中国的马克思主义者始终重视实践之功。

在《实践论》中，毛泽东精辟概括了马克思主义实践观。他指出：“马克思主义者认为人类的生产活动是最基本的实践活动，是决定其他一切活动的东西。”“人的社会实践，不限于生产活动一种形式，还有多种其他的形式，阶级斗争，政治生活，科学和艺术的活动，总之社会实际生活的一切领域都是社会的人所参加的。”[①]中国儒家很早便提出“大同”“小康”“为民造福”“经世济用”等与马克思主义实践内涵趋近的思想学说，

---

①《毛泽东选集》第一卷，人民出版社1991年版，第282、283页。

但终因知识分子的理想与社会现实相脱离，与人民群众的劳动生产相隔绝，使实践理论虚浮缥缈，思想保守，生产停滞，闭关锁国，民力凋敝。儒家的这些知识分子，“以为只要保持他们抽象的‘善良之心’，就可以改变现实，改变社会和改变自己”[①]。实际上，有些良知尚存的儒家知识分子“平时袖手谈心性，临危一死报君王”；有些无恻隐是非之心的官员只知结党营私、中饱私囊；有些人只知有家，不知有国。种种情况导致近代泱泱中华沦为一盘散沙，面对内患外辱而无所适从、无人担当。鉴于此，刘少奇告诫共产党人，“我们的修养不能脱离人民群众的革命实践”，“始终站在无产阶级先锋战士的岗位……始终不脱离当前无产阶级和一切劳动群众的伟大而深刻的革命运动”。[②]

在积极探索革命方法与路径的历程中，毛泽东将实践作为实现远大理想的根本路径，他指出：“必须从实践出发，从没有经验到有经验，从有较少的经验，到有较多的经验，从建设社会主义这个未被认识的必然王国，到逐步地克服盲目性、认识客观规律、从而获得自由，在认识上出现一个飞跃，到达自由王国。”[③]人只有在投身改造环境的过程中，才能获得真理与强化真理。具体来说，在改造环境的过程中，人不断将感性认识上升至理性认识，以理性认识的成果指导行动。在认识指导行动、行动促进认识的循环往复的过程中，客观环境被改造，主观认识被改造，社会现实与人的身体、精神被不断推向前进，这个有机结合的过程就是辩证唯物主义认识论，也是辩证唯物主义对中国儒家“知行合一”思想的改造提升。因此，习近平总书记深刻指出：“知识和经验犹如雄鹰之双

---

① 刘少奇：《论共产党员的修养》，人民出版社 2018 年版，第 23 页。

②《刘少奇选集》上卷，人民出版社 1981 年版，第 109、105 页。

③《毛泽东文集》第八卷，人民出版社 1999 年版，第 300 页。

翼，只有经风雨、见世面，才能飞得更高、飞得更远。越是条件艰苦、困难大、矛盾多的地方，越能锤炼人。干部要深入基层、深入实际、深入群众，在改革发展的主战场、维护稳定的第一线、服务群众的最前沿砥砺品质、提高本领。”①

“没有调查，没有发言权。”②调查研究是中国化实践的独特方式。调查研究就是运用马克思主义基本原理、方法解决中国具体问题的途径，是党员深入联系人民群众的媒介，是锻炼党性修养的重要渠道。只有通过调查研究，才能发现矛盾在现实环境里的具体表现，才能运用理论解决现实问题，才能使理论在实践中得到检验、补充、发展和完善。“调查就像‘十月怀胎’，解决问题就像‘一朝分娩’。调查就是解决问题。”③事实证明，“中国革命斗争的胜利要靠中国同志了解中国情况”④。换句话说，有了调查，才有发言权，才有了解中国情况的同志制定符合实际的政策，才能取得中国革命的胜利。调查研究既是世界观，又是方法论；既是“行”之所，又是“知”之源。因此，毛泽东要求共产党人以极为虔诚的态度开展调查研究，不仅是为了增进党员干部认识真理、运用规律、改造环境的本领和能力，更是为了党员干部贯彻实事求是的思想路线和增强自身党性。

如何正确看待中国共产党的“实践”？其答案的核心是实践“为了谁”。中国共产党的实践，不是为了自身功名利禄、锦衣玉食，而是为了

---

①《习近平关于“不忘初心、牢记使命”论述摘编》，党建读物出版社、中央文献出版社2019年版，第210页。

②《毛泽东选集》第一卷，人民出版社1991年版，第109页。

③《毛泽东选集》第一卷，人民出版社1991年版，第110—111页。

④《毛泽东选集》第一卷，人民出版社1991年版，第115页。

人民、国家乃至全人类更美好的未来。因此，人民至上与公利公义是共产党人开展实践一以贯之的实施原则与检验标准。在各个历史时期，共产党人敢于吃苦、肯于吃苦、乐于吃苦，深入实际、深入基层、深入群众，到百姓生活最贫困的地方和问题难题最集中的基层去磨炼，与人民群众同吃同住同劳动同学习。在这样的实践过程中，党员干部不断提高党性修养，不断进行党性锻炼，不断增强宗旨意识。正如习近平总书记时常提醒党员干部的：“实现我们的奋斗目标，开创我们的美好未来，必须紧紧依靠人民、始终为了人民，必须依靠辛勤劳动、诚实劳动、创造性劳动。我们说‘空谈误国，实干兴邦’，实干首先就要脚踏实地劳动。”①

（三）党性修养重在改造主观世界

无产阶级之所以被马克思、恩格斯、列宁确立为人类社会物质与精神发展最高形态的代表者，无产阶级政党之所以被定义为无产阶级中最优秀分子的代表，其根本原因不在于无产阶级及其政党是天然的“全能者”“至善者”，恰恰是因为无产阶级及其政党是真实扎根实际生活，敢于向自身缺点不足发动挑战的“后天改造者”。正因如此，刘少奇向共产党人提出：“我们应该把自己看作是需要而且可能改造的。不要把自己看作是不变的、完美的、神圣的，不需要改造的、不可能改造的。我们提出在社会斗争中改造自己的任务，这不是侮辱自己，而是社会发展的客观规律的要求。如果不这样做，我们就不能进步，就不能实现改造社会的任务。”②那么，作为共产党人，改造自己的任务究竟是什么？毛泽东在

---

①《习近平谈治国理政》第一卷，外文出版社 2018 年版，第 44 页。

② 刘少奇：《论共产党员的修养》，人民出版社 2018 年版，第 3—4 页。

《实践论》中强调：“无产阶级和革命人民改造世界的斗争，包括实现下述的任务：改造客观世界，也改造自己的主观世界——改造自己的认识能力，改造主观世界同客观世界的关系。”[①]由此可见，共产党人改造自己的任务就是提高党性修养，改造主观世界。

中国共产党诞生在半殖民地、半封建社会，党员的思想与行为受到当时社会的影响。因此，刘少奇提醒每一名党员干部，我们党不是从天上掉下来的，而是从旧中国社会产生出来的，共产党人必须自觉以马克思列宁主义的先进思想“抛掉自己身上的一切陈旧的肮脏东西”[②]；共产党人提升党性，就必须“真正深刻地认识敌人，认识自己，认识社会发展和革命斗争的规律性”，“求得自己的进步，提高自己革命的品质和能力”。[③]共产党人的自我改造，表现为“用无产阶级的思想意识去同自己的各种非无产阶级思想意识进行斗争；用共产主义的世界观去同自己的各种非共产主义的世界观进行斗争；用无产阶级的、人民的、党的利益高于一切的原则去同自己的个人主义思想进行斗争”[④]。

中国共产党坚信共产主义理想必将实现，义无反顾肩负起实现中华民族伟大复兴的历史使命，自觉担负起组织群众、领导群众创造人类最高级社会形态的崇高使命。试问，这种直冲云霄的自信心建立的基础是什么？透过党的百年奋斗史，尤其是抗日战争、抗美援朝、“两弹一星”、抗击疫情等重大事件，不难发现，勇气是中国共产党建立自信心的关键。而这种非凡的勇气就是敢于直面缺点，更敢于自我革命。共产党人践行

①《毛泽东选集》第一卷，人民出版社1991年版，第296页。
②《刘少奇选集》上卷，人民出版社1981年版，第98页。
③《刘少奇选集》上卷，人民出版社1981年版，第99页。
④《刘少奇选集》上卷，人民出版社1981年版，第121页。

全心全意为人民服务宗旨的前提是，敢于正视人民群众的缺点，也敢于承认自身存在的不足，更敢于以不断进步、不断完善、不断提升进行自我革命、自我改造，给予人民群众榜样的力量，使人民群众拥有挑战自己、完善自己的强大自信心。

“勇于自我革命，是我们党最鲜明的品格，也是我们党最大的优势。中国共产党的伟大不在于不犯错误，而在于从不讳疾忌医，敢于直面问题，勇于自我革命，具有极强的自我修复能力。”[①]100 多年来，中国共产党领导人民进行了新民主主义革命、社会主义革命和建设、改革开放和社会主义现代化建设，战胜一个又一个困难，取得一个又一个胜利，关键在推动社会革命的同时进行自我革命。保持党的先进性和纯洁性，不断清除一切损害党的先进性和纯洁性的因素，不断清除一切侵蚀党的健康肌体的病毒，这是党能够引领伟大社会革命的先决条件和必然要求。习近平总书记时刻提醒共产党人尤其是领导干部，要深刻体悟党敢于自我革命的精髓，那就是“我们党除了国家、民族、人民的利益，没有任何自己的特殊利益”。习近平总书记曾引用“无私者，可置以为政”“不私，而天下而公”，来告诫领导干部“不谋私利才能谋根本、谋大利，才能从党的性质和根本宗旨出发，从人民根本利益出发，检视自己；才能不掩饰缺点、不回避问题、不文过饰非，有缺点克服缺点，有问题解决问题，有错误承认并纠正错误”[②]。

---

①《习近平关于“不忘初心、牢记使命”论述摘编》，党建读物出版社、中央文献出版社 2019 年版，第 160 页。

②《习近平关于“不忘初心、牢记使命”论述摘编》，党建读物出版社、中央文献出版社 2019 年版，第 162 页。

三、共产党人的“心学”

从党的百年奋斗实践中，“中国共产党人深刻认识到，只有把马克思主义基本原理同中国具体实际相结合、同中华优秀传统文化相结合，坚持运用辩证唯物主义和历史唯物主义，才能正确回答时代和实践提出的重大问题，才能始终保持马克思主义的蓬勃生机和旺盛活力”[①]。作为马克思主义中国化时代化的最新理论成果，习近平新时代中国特色社会主义思想具有鲜明的问题意识与深厚的传统文化底蕴。针对“建设什么样的长期执政的马克思主义政党、怎样建设长期执政的马克思主义政党”的重大问题，借鉴中华优秀传统文化，习近平总书记提出了党性修养“心学”观，即“党性教育是共产党人的‘心学’，是党员正心修身的必修课”。党性修养由“心学”解构，以“心学”贯通党性修养中人、实践、改造主观世界的系统性关系，使新时代党员干部身心一体、知行合一地领悟党性、锻造党性、彰显党性。

（一）共产党人“心学”的根本是不忘初心

什么是共产党人的初心和使命？党的十九大报告明确指出：“中国共产党人的初心和使命，就是为中国人民谋幸福，为中华民族谋复兴。这个初心和使命是激励中国共产党人不断前进的根本动力。”永葆初心就是共产党人要永远保持对人民的赤子之心。这是共产党人“心学”的第一要义，也是根本。中国共产党人坚持历史唯物主义，坚信人民群众是历

① 习近平：《高举中国特色社会主义伟大旗帜　为全面建设社会主义现代化国家而团结奋斗——在中国共产党第二十次全国代表大会上的报告》，人民出版社2022年版，第17页。

史的创造者，将全心全意为人民服务确立为党的宗旨，就是把人民放在心之最热烈的地方，以热爱热情之心激发革命意志，扎实贯彻群众路线，为了群众，依靠群众，谋民之幸福，创国之复兴。

怎样保持对人民的赤子之心？中华民族具有历史悠久的传统文化，尤其是古代儒家“民本”思想，有助于共产党人涵养仁爱精神，领悟党的根本宗旨，贯彻群众路线，增强文化自信，提升党性修养。从周代至清朝，“民本”思想始终是儒家学说的核心，被历朝历代奉为执政圭臬，君主的德行要具体落实到“民本”政治观上，即“天矜于民，‘民之所欲，天必从之’”[①],“天视自我民视，天听自我民听”[②]。春秋战国时期，孔子时刻劝导君主必须高度关心百姓的物质需求，减轻百姓的赋税和徭役，“百姓足，君孰与不足？百姓不足，君孰与足”[③]？孟子立足性善说，提出仁政思想，即“‘人皆有不忍人之心’，‘以不忍人之心，行不忍人之政’，就是仁政”[④]。荀子不仅论述了“民富”与“国强”之间的关系，还提出统治者须以“民富”为本，重在制定“使民富”的政策。在对先秦思想及秦国施政进行反思总结的基础上，汉代董仲舒论述“天道”与“君道”的关系，并指出二者的根本是“仁政”和“民本”。宋代儒学将心性论融入伦理政治学，思想家们紧密结合现实问题，高度关注民生疾苦，张载、二程、朱熹等学者提出了“民本”的具体措施，将“乾称父，坤称母，民吾同胞，物吾与也”确立为君子修德的至高境界。明末清初，以李贽、黄宗羲、王夫之、颜元等为代表的思想家大力倡导经世致用学说，为繁

① 屈万里：《尚书·泰誓上》，中西书局2014年版，第319页。
② 屈万里：《尚书·泰誓中》，中西书局2014年版，第320页。
③（宋）朱熹撰：《四书章句集注·论语·颜渊第十二》，中华书局2011年版，第128页。
④ 杨东莼：《中国学术史讲话》，东方出版社1996年版，第58页。

荣民间经济、使民富足出谋划策。

同时，中国共产党人要扬弃古人的思想，要对儒家“民本”思想进行创造性转化、创新性发展，要正确处理“劳心者”与“劳力者”的关系。人民立场是共产党人的根本立场，全心全意为人民服务是中国共产党的根本宗旨。因此，要将古人的“劳心者”居尊位（施教者），“劳力者”处卑位（受教者）的逻辑转变为“人民至上”。共产党人要铭记人民至上的“上”，为准则之义，即干事创业时，心之所向是为了人民、造福人民，实现人民的根本利益。什么是人民的“根本利益”？它是物质利益与精神利益的综合体，是使人民群众在实现物质富足的奋斗历程中丰富精神世界，使思想精神高远辽阔，丰沛润泽。共产党人坚持“人民至上”观，主张“一体之心”“一体之爱”，就是要与人民群众人格平等、相互尊重、彼此学习、信赖倚重。然而在现实工作生活中，对待人民群众缺点的真实态度，最考验共产党人的初心。当共产党人发现人民群众身上的缺点和不足时，“这不应该说是什么‘暴露人民’。对于人民，基本上是一个教育和提高他们的问题”[①]，绝不能讽刺群众，更不能抛弃群众，“应当用人民内部的批评和自我批评来克服”[②]，真心勉励改正，共同进步提升。此种心心相印的历程，体现的是对人民群众的爱心、关心、责任心。只有如此，才能引领人民群众的宇宙观、天下观、社会观、道德观，才能持续丰富人民群众的精神世界，才能持续提升人民群众的思想境界，让人民群众有更多的幸福感、获得感。

①《毛泽东选集》第三卷，人民出版社 1991 年版，第 872 页。

②《毛泽东选集》第三卷，人民出版社 1991 年版，第 872 页。

（二）共产党人“心学”的关键是公心实干

人民性是马克思主义的本质属性，而马克思主义是实践的理论，实践性是马克思主义区别于其他理论的显著特征。因此，共产党人干事创业要以人民群众的根本利益为指针，时时处处以人民为度量实践目标、实践方法的基础。党的百年奋斗历程充分证明，中国共产党始终坚持马克思主义实践观，将社会实践、为人民服务、个人修身紧密结合，持续探索总结干事创业、优良作风、高尚道德有机统一的规律，持续探索总结共产党人公心与实干有机统一的规律，“既严以修身、严以用权、严以律己，又谋事要实、创业要实、做人要实”[①]。由此可见，公心实干是共产党人“心学”的第二要义，也是“心学”的关键。公心实干要求共产党人要以系统观念处理好内在的“心”与外化的“干”之间的关系。具体来说，内在的“心”既指党员个体“知、情、意”的变化，又指实践对象“性质”的变化；外化的“干”既要考核实践得失的结果，又要考评实践效果与人民利益是否一致。

公心实干在儒家思想中主要体现为“义利”“理欲”的探讨和实践。宋神宗时期，王安石推行青苗法，期望借此解决民间高利贷对农民的盘剥，增加国家财政收入，以失败告终。作为理学名士，程颢、程颐对青苗法失败的原因进行了学理分析。二程认为，为了适应自然和社会的变化，治理国家的法令政策不能一成不变，需要制定与现实相符合的新法令，改善民生、增强国力，变法革新势在必行。但是，变法革新必须处理好“义”和“利”的关系。二程强调，变法革新不能将“以利为

①《习近平谈治国理政》第一卷，外文出版社 2018 年版，第 381 页。

先”“以利为本”作为施政理念，立法者必须明确一点，变法革新是为解决民生之苦，但其根本目标绝不止于实现物质利益的单纯累加，而是使“仓廪实”与“知仁义”“行仁义”并举。同时，二程对青苗法的具体执行者作了重点分析。他们指出，各级官员私心甚重，轻“义”重“利”，硬生生将原本“利民利国”的法令变成了“祸国殃民”的苛政。由此，二程得出结论，人是确保变法革新成功的关键要素，“变革，事之大也，必有其时，有其位，有其才，审虑而慎动，而后可以无悔”①，手操法令之人，掌握权力之人，必须“一曰立志，二曰责任，三曰求贤”②。

千年以来，关于“义利”“理欲”实践探索的效果始终不尽如人意，根本原因在于公心与实干不统一，或者说德能不匹配。“德”是指一心为公的品德，“能”是解决实际问题的方法、途径。而“德”与“能”在共产党人看来，是一对相互依存的辩证关系，即保“德”促“能”，增“能”养“德”。共产党人“德”的提高、“能”的增强统一于全心全意为人民服务的社会实践中。知往鉴今，尤其是与国民党相比较，我们党绝对不能脱离群众需求开展工作，必须充分了解群众的情绪，必须帮助群众组织生产，必须带领群众提高生活水平，必须投入绝大多数时间去帮助农民解决生产生活问题，如果不懂得用90%的精力去解决群众的实际困难，仅用10%的时间去征税，“那末，这就是沾染了国民党的作风，沾染了官僚主义的灰尘”③。在干事创业的实践中，共产党人要“抛弃私心杂

---

①（宋）程颢、程颐著，王孝鱼点校：《二程集·周易程氏传卷第四》，中华书局1981年版，第952页。

②（宋）程颢、程颐著，王孝鱼点校：《二程集·河南程氏文集卷第五》，中华书局1981年版，第521页。

③《毛泽东选集》第三卷，人民出版社1991年版，第933页。

念，不计个人私利，只是想到怎么有利于人民。多少共产党人因此成为了打天下和治理国家的英才。中国共产党有这样一批共产党人在，那当然就无往而不胜了”[1]。

（三）共产党人“心学”的基础是正心诚意

“对领导干部而言，党性就是最大的德。”[2]党性修养的重要内容就是养德，而养德则需要修身。《大学》将“格物”“致知”“诚意”“正心”作为修身的方法和路径，而正心诚意常并立一体，即“心立志向、心怀仁爱、心克私欲”。由于“身之主宰便是心”“不能胜寸心，安能胜苍穹”，“本”在人心，内心净化、志向高远便力量无穷，故“心”不仅管理党性与德，还为它们提供衡量标准。由此可见，正心诚意是共产党人“心学”的第三要义，也是“心学”的基础。

从先秦至清代，古代儒家以“心”为统领的修养路径，是共产党人提升党性修养可借鉴的宝贵资源。儒家思想的创立者孔子将“立君子之志”作为修身之本。他突破了周朝以来仅在王室贵族修德的限制，提出任何阶层的人只要立志，皆可修养高贵的君子人格，只要内心真诚生发“成仁”之心，立此为志，坚持不懈，终将所成。同时，“成仁”要实现目标，成就高贵人格，必须敢于自我锻造。每一天，每一事，有志之士皆终日乾乾，如履薄冰，三省己身，居安思危，从有志于学的少年至耄耋之年的老者，正心诚意不倦，向着道德与自由统一，在“从心所欲不逾矩”的境界中求索不息。孟子接续孔子文脉，将正心诚意的修养论精

---

① 转引自邓力群：《七千人大会到“西楼会议”》，《当代中国史研究》1998 年第 5 期。

② 习近平：《在全国党校工作会议上的讲话》，人民出版社 2016 年版，第 17 页。

练概括为“学问之道无他，求其放心而已矣”[①]。“求放心”对个人修身而言，就是将人内在的“恻隐之心、羞恶之心、恭敬之心、是非之心”这四种仁爱他者的情感，涵养成“仁、义、礼、智”四种恒常稳定的道德品格；对治理国家而言，君子将四种品德所形成的理念应用到治理国家中，就能体验到内圣与外王合一的状态，就能做到“尽其心者，知其性也。知其性，则知天矣。存其心，养其性，所以事天也。殀寿不贰，修身以俟之，所以立命也”[②]。这充分体现了个人价值与社会价值相统一的人生气象。

正心诚意的修养文脉历经千年，其“以志导心”的重要理念被中国共产党在实现共产主义远大理想、领导人民群众“敢教日月换新天”的社会实践中承继、发扬、创新，在新时代共产党人的新使命新征程的行动中被唤起、被响应、被发展。同时，坚定不移全面从严治党，深入推进新时代党的建设新的伟大工程，共产党人还要清醒地认识到，“现在干部出问题，主要是出在‘德’上、出在党性薄弱上”[③]，有的心为物役，信奉金钱至上、名利至上、享乐至上，心里没有任何敬畏，行为没有任何底线。对此，“我们共产党人特别是领导干部都应该心胸开阔、志存高远，始终心系党、心系人民、心系国家，自觉坚持党性原则”[④]，都要正心诚意克制私欲、锤炼党心，做到遵从党性、内心纯正、端方仁爱三者相互融通。

---

①（宋）朱熹撰：《四书章句集注·孟子·告子章句上》，中华书局2011年版，第312页。
②（宋）朱熹撰：《四书章句集注·孟子·尽心章句上》，中华书局2011年版，第327页。
③ 习近平：《在全国党校工作会议上的讲话》，人民出版社2016年版，第17页。
④《十八大以来重要文献选编》（上），中央文献出版社2014年版，第766页。

第二章

“政治三力”之敬心

我们党要始终做到不忘初心、牢记使命，把党和人民事业长长久久推进下去，必须增强政治意识，善于从政治上看问题，善于把握政治大局，不断提高政治判断力、政治领悟力、政治执行力。

——2020 年 12 月 24 至 25 日，习近平总书记在中共十九届中央政治局民主生活会上的讲话

“敬”含尊重、信奉、警惕之意，是儒家的重要德目，在儒家思想中具有原发性基础地位。“敬”，从周朝以前原始的宗教畏惧心理，到周时的执事保民的政治伦理，再到春秋时的德性角度的价值范畴，最后发展为宋时的涵养工夫。在这个过程中，“敬”逐渐包含了敬人、敬事、敬业、敬天，成为人立身处世的基本准则。在知“敬”行“敬”中，儒家将做人与做事统一，将道德仪则与人格修养结合。由此，“敬”具有了社会性外在规范与个体性内在心理的双重特点，实现了社会化道德仪式和人格化主体性精神的深层统一。[①] 全面建设社会主义现代化国家、全面推进中华民族伟大复兴，关键在党，关键在9900多万共产党人；在实现中华民族伟大复兴征程中，要想成功应对“四大考验”，化解“四种危险”，关键在共产党人的核心能力上，尤其是政治能力。修好共产党人的“心学”，要构建“政治三力”之敬心，以敬心之“主敬、穷理、力行”为修养路径，持续增强政治判断力、政治领悟力、政治执行力。

① 参见付粉鸽：《修己·执事·体天：儒家“敬”观念的形而上考察》，《人文杂志》2015年第11期。

一、筑牢政治理想

新时代，全面建设社会主义现代化国家、全面推进中华民族伟大复兴是中国共产党的中心任务。然而，一些党员干部信奉金钱至上、名利至上、享乐至上，在“四大考验”“四种风险”面前背弃信仰、临阵变节，堕入腐败，表象是精神空虚、意志消沉、心为物役，其产生的根源是思想意识出现了危机，内心信仰出现了动摇乃至崩塌。如何修好共产党人的“心学”，坚定马克思主义政治观？习近平总书记指出：“我们要特别重视挖掘中华五千年文明中的精华，把弘扬优秀传统文化同马克思主义立场观点方法结合起来。”① 针对“寂空之性”“寂寥之心”等虚幻价值观，宋代的程颢、程颐、朱熹等人立“敬心”为修养正道，将“涵养须用敬，进学在致知”作为修养方法，形成了一套卓有见地的道德修养理论。要把握“敬心”修养要旨，借鉴古代儒学修养路径，对准马克思主义政治观之“理”格物致知，使新时代共产党人涵养政治品德，增强政治定力，筑牢政治理想。

（一）深刻理解马克思主义政治观

如何涵养共产党人的政治品格？共产党人涵养政治品格需要“敬心主一”，而“敬心主一”就是坚信马克思主义理想信念。程颐强调“敬”，“涵养须用敬”。“如何为主，敬而已矣”，“欲涵泳主一之义，一则无二三

①《习近平谈治国理政》第四卷，外文出版社 2022 年版，第 315 页。

矣”。[1]习近平总书记曾指出：“一名干部有了坚定的理想信念，站位就高了，心胸就开阔了，就能坚持正确政治方向，做到‘风雨不动安如山’。”[2]由此可见，坚定的马克思主义信仰是共产党人的主心骨和压舱石。如何才能坚定理想信念？“中国共产党人的理想信念建立在对马克思主义的深刻理解之上，建立在对历史规律的深刻把握之上”[3]，要对马克思主义政治观具备恒久判断与领悟。正如朱熹所言：“学者工夫，唯在居敬穷理二事，此二事互相发。能穷理，则居敬工夫日益进；能居敬，则穷理工夫日益密。”[4]因此，为了坚定共产党人的理想信念，有必要通过“穷理”的方式，深刻理解马克思主义政治观，深刻把握人类社会发展的历史规律。

什么是马克思主义政治观？它是由马克思和恩格斯创立的、由各个时代的马克思主义实践者不断丰富发展的关于政治存在本质和规律的系统的观念形态，是在时间与实践中生成和不断发展的理论，是真理性与科学性相统一的理论，是对西方政治史的哲学性继承与超越。所谓“哲学性继承与超越”，指的是对古希腊政治观、基督教政治观、近代资产阶级政治观的普遍范畴和演变规律进行继承性超越和突破性创新。马克思主义政治观明确指出，政治是人类过一种有组织的社会生活不可缺少的核心要素，是人们组织安排集体生活的核心机制。马克思和恩格斯认可古希腊哲学家提出的“正义”的基本原则，即政治与伦理紧密相关，“人是政治的动物”，人在本质上具有政治性，人的本质要通过政治活动才能

① （宋）程颢、程颐：《二程集》，中华书局1981年版，第169页。
② 《习近平谈治国理政》第三卷，外文出版社2020年版，第519页。
③ 《习近平谈治国理政》第三卷，外文出版社2020年版，第519页。
④ （宋）黎靖德编，王星贤点校：《朱子语类》卷九，中华书局1986年版，第150页。

实现或完善。政治活动是人的社会化活动，个体的生命、财产、能力都要通过社会共同体范围内的社会化活动予以保障和实现。对于霍布斯、洛克、卢梭等近代资产阶级思想家提出的人天生具有平等、自由等不可剥夺的权利，人们通过社会契约建立政治秩序、政治社会、国家以保护这种权利等观点，马克思和恩格斯承认其具有反封建的进步性，但也明确指出资产阶级政治观是建立在生产资料私有制基础上的，是私有制经济观的反映。资产阶级政治观不是人类政治文明的终极模式，资产阶级政权必然要被无产阶级推翻，无产阶级政治观将彻底取代资产阶级政治观。

马克思主义政治观的主要内容有哪些？马克思和恩格斯在深刻分析人类社会发展历史，认真总结人类社会发展规律的基础上，确立了政治观的“四个基本范畴”，即经济利益、阶级利益、政治权力、国家政权。马克思和恩格斯指出，除原始社会外，资本主义社会及以往的全部社会形态都是阶级社会，阶级斗争贯穿始终。阶级斗争是阶级利益的争夺，其核心是实现本阶级的经济利益。各个阶级通过争夺国家政权实现对社会全部生产资料的控制，通过组织生产关系、发展生产力，“名正言顺”地占有绝大部分甚至全部经济成果，再继续以强大经济实力进一步增强对国家政权的掌控。西欧社会发展史中的奴隶社会、封建社会、资本主义社会依次演变，都遵从四个基本范畴相互作用模式，都遵从生产资料私有制，都由少数利益集团掌握国家政权，从而剥削压榨占人口绝大多数的劳动人民的经济利益与政治权利。而马克思和恩格斯提出的无产阶级解放道路同样是通过四个基本范畴相互作用下的物质化实践来实现的。无产阶级政党以废除生产资料私有制、变革生产关系作为革命目标，通过与资产阶级展开武装斗争，夺取国家政权。无产阶级掌握政权后的社会依然属于阶级社会，但相比于资本主义社会，无产阶级专政的国家政权归全体劳动者，社会全部生产资料不再被少数利益集团掌控，而是归全体人民共同所有。国家通过建立兼顾高效与公平的生产关系，大力发展社会生产力，促进全体人民脑力劳动与体力劳动和谐发展，增进全体人民与劳动的亲密关系，推进整个社会的物质财富和精神财富双向积累，并向着人的自由而全面发展的共产主义社会迈进。由此可见，马克思主义政治观是无产阶级根本利益和政治要求在理论上的集中反映。它源自政治与经济的相互作用而展开的物质化实践经验，是对政治现象发展规律的科学总结。

为什么马克思主义政治观具有根本性、基础性的地位和作用？马克思列宁主义强调政治是经济的集中表现，同时为了实现各阶级、各阶层集团的物质利益，就必须通过政治特别是政治权力来实现，因此政治对经济基础具有能动的反作用。列宁曾明确指出，最根本的阶级利益只能通过根本的政治改造予以实现。因此，政治在马克思主义实践中发挥着至关重要的作用。具体来说，有两个重要原因。其一源自历史唯物主义。马克思借助生产力与生产关系这对经济范畴，对纷繁复杂的人类社会作出了简洁合理的解释，即生产关系的组成者与生产力的创造者都是从事物质生产与精神生产的劳动人民，因此推动人类历史发展进步的根本力量是活生生的人民群众。将人民群众确立为推翻资产阶级，建立无产阶级政权的领导阶级是马克思主义政治观的基本观点，不确定此立足点，全部阶级斗争和经济斗争将失去总方向和总目标。其二是因为无产阶级政党是无产阶级革命的领导者。在《共产党宣言》中，马克思和恩格斯明确指出，无产阶级政党理解与掌握整个无产阶级解放运动的方向、立场、观点、方法，它的成员为了无产阶级的利益自愿放弃个人私利。经济实践和阶级实践充分证明，无产阶级政党的政治理念必须落实在领导无产阶级正确开展阶级斗争、以先进生产关系实现生产力的创新性腾飞上。因此，长期领导中国无产阶级革命和经济建设的毛泽东始终强调，“只有经过政治，阶级和群众的需要才能集中地表现出来”[①]，“政治工作是一切经济工作的生命线。在社会经济制度发生根本变革的时期，尤其是这样”[②]。

通过“穷理”的方式，深刻理解马克思主义政治观的内涵、地位及作用，共产党人的“敬心”就能“主一”在马克思主义真理观上，就能理解其合规律性与合目的性、科学性与革命性相统一，理解其价值理想的现实关怀与终极关怀相统一，更能坚定马克思主义理想信念。

（二）时刻对照中国化的马克思主义政治观

中国化的马克思主义政治观是在党坚持把马克思主义基本政治观同中国具体实际紧密结合中形成的。中国化的马克思主义政治观既体现了马克思主义的基本政治观点，又包含了中华民族的优秀思想和中国共产党人的实践经验。构建“政治三力”之敬心，就是要在“穷”马克思主义政治观之“理”的基础上，时刻对照中国化的马克思主义政治观而“力行”，不断夯实马克思主义理想信念的根基。

共产主义事业是空前伟大的事业，也是空前艰难的事业，必须经过长期的艰苦奋斗。党的二十大报告指出：“我们党作为世界上最大的马克思主义执政党，要始终赢得人民拥护、巩固长期执政地位，必须时刻保

---

①《毛泽东选集》第三卷，人民出版社 1991 年版，第 866 页。

②《建国以来毛泽东文稿》第五册，中央文献出版社 1991 年版，第 497 页。

持解决大党独有难题的清醒和坚定。”“大党独有难题”，从广义上看，是指中国共产党在成长、壮大、执政过程中遇到的困难、险阻甚至危机；从狭义上看，主要是指党的建设中遇到的独有难题。可以说，党的百年历史就是一部不断解决独有难题、化解重大危机，最后走向胜利的历史。改革开放以来，党内一度存在对坚持党的领导认识模糊、行动乏力问题，存在不少落实党的领导弱化、虚化、淡化、边缘化问题，对党中央重大决策部署执行不力。由于党内一度出现管党不力、治党不严问题，有些党员、干部政治信仰出现严重危机，有些党员、干部缺乏担当精神，斗争本领不强，实干精神不足，形式主义、官僚主义现象仍较突出，存在特权思想和特权现象。正如邓小平所担忧的：“中国要出问题，还是出在共产党内部。对这个问题要清醒。”①

当前，世界正经历百年未有之大变局，我国正处于实现中华民族伟大复兴的关键时期。在“两个大局”相互交织、“两个百年”历史交汇之际，新时代共产党人要时刻对照中国化的马克思主义政治观，保持对大党独有难题的清醒认识。恩格斯曾指出，只有通过清晰的理论分析才能在错综复杂的事实面前辨明方向。党员干部要“学史明理”，在历史中汲取走向未来的智慧，对照马克思主义发展史、中国共产党的百年奋斗史，从中总结规律，培养自身对规律的信心，从而汲取到信仰的“真力”。中国共产党坚持以马克思主义为指导，在对儒家倡导的“天下大公”“与人为善”“养民爱民”传统政治观批判继承的基础上，突破了儒家只能进行伦理说教而无法付诸实践的桎梏，在经济关系与阶级斗争找到了实现政治理念的突破口。中国共产党从诞生之日起就始终带领中国人民奋

① 《邓小平文选》第三卷，人民出版社 1993 年版，第 380 页。

勇斗争，始终将为中国人民谋幸福，为中华民族谋复兴视为自己的初心和使命，始终把实现共产主义作为党的最高理想和最终目标，义无反顾肩负起实现中华民族伟大复兴的历史使命。中华儿女的血液中始终流淌着“修身、齐家、治国、平天下”的“一体之仁”，蕴含着崇尚统一、追求大同、赞颂信任与互助，这些因素都浸涵在中国化的马克思主义政治观中。中国共产党是中国人民和中华民族的先锋队，中国共产党的政治理想亦是中国人民的理想，同时也是中华民族的理想。中国梦是国家情怀、民族情怀、人民情怀相统一的梦。实现中华民族伟大复兴的中国梦，就是要实现国家富强、民族振兴、人民幸福。习近平总书记指出，实现中国梦必须走中国道路，必须弘扬中国精神，必须凝聚中国力量。同时，面对错综复杂的国内国外严峻形势，习近平总书记强调党员领导干部“都要增强党性立场和政党意识，经得起风浪考验，不能在政治方向上走岔了，走偏了”①，要“在政治方向、政治立场、政治言论、政治行为方面守好规矩”②，抓好党的政治建设，强化政治训练，提纯党员政治品质。

党的十八大以来，习近平总书记多次强调党员干部要提高政治能力，练就一双“政治慧眼”，将政治能力作为共产党人最本质最核心的能力。通过精准识别现象本质、清醒明辨行为是非、科学把握形势变化，持续提升政治判断力；通过深刻领会什么是党和国家最重要的利益，什么是最需要坚定维护的立场，站在全局和战略的高度领会党中央决策部署，领悟习近平新时代中国特色社会主义思想的新理念新战略新布局，持续提升政治领悟力；通过同党中央精神对标对表，切实做到党中央提倡的

---

①《习近平谈治国理政》第二卷，外文出版社 2018 年版，第 143 页。

②《习近平谈治国理政》第二卷，外文出版社 2018 年版，第 143 页。

坚决响应，党中央决定的坚决执行，党中央禁止的坚决不做，增强“四个意识”、坚定“四个自信”、做到“两个维护”，持续提升政治执行力。“政治三力”各有侧重，却是殊途同归，归根到底是切实提升共产党人的政治能力。习近平总书记强调共产党人提升“政治三力”的路径是，深刻领悟马克思主义政治观与中国化的马克思主义政治观，通过社会实践夯实对马克思主义的信仰，对中国特色社会主义的信念，在“学思悟”“知信行”的统一中，使马克思主义理想信念在头脑中圆融无碍，统领社会实践的总方向、总目标。

二、心怀“国之大者”

“各级领导干部特别是高级干部必须立足中华民族伟大复兴战略全局和世界百年未有之大变局，心怀‘国之大者’，不断提高政治判断力、政治领悟力、政治执行力。”[①] 如何心怀“国之大者”？关键是葆有一颗什么样的心！“心”在宋代儒家学者看来有三类：其一是“乱心”，“人心作主不定，正如一个翻车，流转动摇，无须臾停，所感万端”[②]。其二是“反思心”，“学者先务固在心志。……人心不能不交感万物，亦难为使之不思虑。若欲免此，唯是心有主。如何为主？敬而已矣”[③]。其三是“安顿心”，“且要收拾此心，令有个顿放处。若收敛都在义理上安顿，无许多胡思乱

① 李毅：《立足两个大局 心怀“国之大者”》，《人民日报》2021年6月4日。
②（宋）程颢、程颐：《二程集》，中华书局1981年版，第52页。
③（宋）程颢、程颐：《二程集》，中华书局1981年版，第169页。

想，则久久自于物欲上轻，于义理上重”[①]。对照此三类“心”，共产党人的“敬心”就是要摒弃“乱心”，具备“反思心”，注重“安顿心”，以此增进对自身思想意识运行规律的把握，进而“主一”“国之大者”，对“国之大者”心有“所悟”、心有“所主”、志有“所向”，从中国化的马克思主义政治理念与政治实践中，切实做到旗帜鲜明讲政治。

（一）对“国之大者”要心中有数

何谓“国之大者”？《左传》记载，“国之大事，在祀与戎”[②]。此后数千年，朝代更迭，兴衰成败，国之大纲、国之大柄、国之大政，有“惟刑与政”，有“莫先择士”，也有“财赋者”。“国之大者”关乎长远，“只有在整个人类发展的历史长河中，才能透视出历史运动的本质和时代发展的方向”[③]；只有用大历史观思考过去、面向未来，才能准确把握“国之大者”中的“大者”。所谓“大者”，即事关全局、事关根本、事关党和国家事业兴衰成败的大事，具有全局性、方向性、战略性意义。做到对“国之大者”心中有数，不仅彰显着执政党的政治智慧和治理能力，也考验着共产党人的“政治三力”。

党的十八大以来，在以习近平同志为核心的党中央坚强领导下，党的政治建设得到空前加强，各级领导干部的政治能力显著提升。但必须清醒认识到，与新时代新征程的要求对标对表，少数党员干部的政治能力还存在不相适应、不相匹配的问题。有的同志看问题缺乏政治慧眼，

① （宋）黎靖德编，王星贤点校：《朱子语类》卷十二，中华书局1986年版，第201—202页。

② 郭丹译：《左传·成公十三年》，中华书局2014年版，第466页。

③ 习近平：《论中国共产党历史》，中央文献出版社2021年版，第197页。

眼中只有工作没有政治，不善于抓本质；有的同志观大势缺乏政治眼光，对“时”与“势”的发展变化反应迟钝，不善于从政治全局上思考处理问题；有的同志抓工作缺乏政治标准，只满足于形式上的落实，不善于真抓实干促落实；有的同志遇见困难缺乏政治担当，对犯原则性错误的言行不敢动真碰硬，不善于处理复杂矛盾；等等。[①]究其重要原因之一，就是对“国之大者”缺乏认识、心中无数。

共产党人如何才能做到对“国之大者”心中有数？关键就是按照习近平总书记的要求，要自觉讲政治，时刻关注党中央正在关心和强调的，深刻领悟党和国家的核心利益，坚定正确的政治方向，坚定自觉做到一切在大局下思考、一切在大局下行动。具体来说，共产党人“敬心”要不断反思“国之大者”的深刻寓意，要清醒地认识到“国之大者”体现着以习近平同志为核心的党中央对党和国家事业发展大局的深邃思考，对党和国家最重要利益的权衡，对局部与整体、历史与未来、中国与世界关系的重要考量。同时，共产党人“敬心”还要“安顿”在解决好坚定“人民立场”这个带有根本性的问题上。习近平总书记指出：“共产党人无论是想问题、搞研究，还是作决策、办事情，都必须站在党和人民立场上。”[②]只有站在党和人民的立场上，才能避免私心杂念的干扰，对“国之大者”领悟得更深更透。不仅如此，共产党人更要自觉讲政治，要将“敬心”放在坚持和发展马克思主义上。毛泽东曾精辟总结：“马克思这些老祖宗的书，必须读，他们的基本原理必须遵守，这是第一。但是，任何国家的共产党，任何国家的思想界，都要创造新的理论，写出新的

---

① 参见方立华：《领导干部要始终心怀“国之大者”》，党建网 2020 年 6 月 19 日。

②《习近平关于严明党的纪律和规矩论述摘编》，中央文献出版社、中国方正出版社 2016 年版，第 38 页。

著作，产生自己的理论家，来为当前的政治服务，单靠老祖宗是不行的。”[①] 总结中国共产党百年奋斗的历史经验，习近平总书记指出：“马克思主义是我们立党立国、兴党兴国的根本指导思想。”[②] 作为马克思主义中国化时代化的最新理论成果，习近平新时代中国特色社会主义思想展示出了中国共产党高超的实践伟力。新时代十年的伟大变革，就是在习近平新时代中国特色社会主义思想的指导下，党勇于进行探索和创新，以全新的视野深化对共产党执政规律、社会主义建设规律、人类社会发展规律的认识所取得的。

共产党人心怀“国之大者”，“我们的干部不但能治党，而且能治国，要懂得向全中国与全世界人民讲话，并为他们做事，要有远大的政治眼光与政治家的风度”[③]。习近平总书记指出：“领导干部想问题、作决策，一定要对国之大者心中有数，多打大算盘、算大账，少打小算盘、算小账，善于把地区和部门的工作融入党和国家事业大棋局，做到既为一域争光、更为全局添彩。”[④] 同时，他还勉励共产党人必须坚持胸怀天下，拓展世界眼光、深刻洞察人类发展进步潮流，以海纳百川的宽阔胸襟借鉴吸收全人类一切优秀文明成果，为解决人类面临的共同问题作出贡献。有远大的政治眼光与政治家风度、坚持胸怀天下，就是将政治理想与政治理念落实在更高要求、更高标准的政治实践中，这为共产党人心怀“国之大者”筑牢更加长久的基石。正如毛泽东所言：“现在的努力是朝着将来的大目标的，失掉这个大目标，就不是共产党员了。然而放松今

---

①《毛泽东文集》第八卷，人民出版社 1999 年版，第 109 页。

②《习近平著作选读》第一卷，人民出版社 2023 年版，第 14 页。

③《毛泽东文集》第二卷，人民出版社 1993 年版，第 60 页。

④《习近平谈治国理政》第四卷，外文出版社 2022 年版，第 40 页。

日的努力，也就不是共产党员。”①

古语有言：“一代推人物，诸生赖楷模。”作为人民群众的标杆和模范，共产党人需要不断引导、促进自身成长进步。党的历史经验充分证明，对党的核心和党中央权威的坚决维护，对指导思想的刻苦学习和坚决落实，不仅是党的事业兴旺发达的关键，还是共产党人心怀“国之大者”政治能力获得不断提升的关键。

（二）自觉做维护党的核心和党中央权威的模范

中华民族伟大复兴面临着各种重大风险和挑战，绝不是轻轻松松、敲锣打鼓就能实现的，必须进行具有许多新的历史特点的伟大斗争。党的百年历史充分证明，只有坚决维护党中央权威和集中统一领导，保证全党令行禁止，党和国家才能有效应对重大挑战、抵御重大风险、克服重大阻力、化解重大矛盾、解决重大问题，才能实现中华民族伟大复兴。对此，习近平总书记在《全党必须完整、准确、全面贯彻新发展理念》一文中强调：“各级领导干部特别是高级干部要不断提高政治判断力、政治领悟力、政治执行力，对‘国之大者’了然于胸，把贯彻党中央精神体现到谋划重大战略、制定重大政策、部署重大任务、推进重大工作的实践中去，经常对表对标，及时校准偏差。”②因此，共产党人若心怀“国之大者”，就要不折不扣地贯彻执行党的理论和路线方针政策及重大部署，自觉做维护党的核心和党中央权威的模范。

延安时期，中国共产党之所以能由弱变强，由失败转为胜利，由胜

①《毛泽东选集》第一卷，人民出版社 1991 年版，第 276 页。

②《习近平谈治国理政》第四卷，外文出版社 2022 年版，第 41 页。

利走向更大的胜利，根本原因之一是确立了毛泽东同志在党中央的核心地位，确立了以毛泽东同志为主要代表的马克思主义正确路线在党中央的领导地位，形成了以毛泽东同志为主要代表的中国共产党的核心和稳定成熟的党的第一代中央领导集体，并由此开启了党独立自主解决中国革命实际问题的新阶段。延安时期，周恩来、刘少奇、陈云等共产党人善于从政治上看问题，善于在复杂多变的局面中把握方向、把握大势、把握全局，为新时代共产党人深入领悟“政治三力”内涵，深刻理解指导思想的重要价值与领导核心的重要意义，树立了榜样，提供了经验启示。1938 年 10 月，陈云在党的六届六中全会上的发言中总结：“这四年来，我们没有犯较大的错误，就是由于中央有政治远见，故能尽到把舵的作用，也不会被某些现象所蒙蔽，能看到现实的本质。同时，不停留在事件本身，能看到它运动的将来。有了远见，才能对事件的认识更加尖锐。远见就是马列主义。”①1942 年 5 月，刘少奇在作《论党内斗争》的报告时指出：“现在全党已有毛泽东为党的领袖”，“仅在法律上有了领袖的地位，是可靠又完全不可靠。可靠的要在长期斗争中考验”。②1943 年 8 月，周恩来在演说中指出：“我们党二十二年的历史证明：毛泽东同志的意见，是贯串着整个党的历史时期，发展成为一条马列主义中国化，也就是中国共产主义的路线！毛泽东同志的路线，就是中国的布尔什维克的路线。”③1945 年 5 月，刘少奇在党的七大上作《关于修改党章的报告》，他指出，毛泽东成为中国共产党的领袖，是“我们全党和全国广大

---

①《陈云文集》第一卷，中央文献出版社 2005 年版，第 89 页。
②《刘少奇传》(上)，中央文献出版社 2008 年版，第 471 页。
③《周恩来选集》上卷，人民出版社 1980 年版，第 138 页。

人民所审慎选择的结果”[①]。从延安时期共产党人对毛泽东作为全党核心的评价与认可，可以帮助我们进一步深刻领悟政治判断力和政治领悟力的内涵。周恩来、刘少奇、陈云等共产党人是以政治能力为基础，对毛泽东的领袖地位以及毛泽东思想的指导意义作出了正确判断，并予以坚决贯彻执行。

提高政治判断力，重在政治自觉。“政治上的主动是最有利的主动，政治上的被动是最危险的被动。”[②]增强政治判断力，必须坚持以国家政治安全为大、以人民为重，做到在重大问题和关键环节上保持清醒头脑。政治领悟力就是从政治现象中获得大量感性的、直观的信息，通过分析与综合、归纳与演绎等思维方法，找到事物背后的根源，发现本质。领悟的过程与判断的过程是不能割裂的，都与实践紧密联系。它们都从实践中获得感性认识，在理性分析的基础上得出的结论、作出的选择又要投入实践，接受实践的检验，从而增加主体对自身抽象思维的信心，进而升华、坚定、筑牢主体对某种观念、思想的信奉敬仰。延安时期共产党人就是通过革命实践的长期历练，从成功的及失败的具体现象中主动运用抽象思维，将感性认识上升到理性认识，透过现象发现本质，充分认可了毛泽东卓越的政治能力。周恩来、刘少奇、陈云等对毛泽东政治能力的高度认可，充分体现了对毛泽东思想立场观点方法的学习、运用和贯彻，充分体现了“对于马克思主义的理论，要能够精通它、应用它，精通的目的全在于应用”[③]。实践证明，毛泽东成为全党的核心，毛泽东思想成为全党的指导思想，使全党上下通过学习毛泽东的思想方法与工

---

①《刘少奇选集》上卷，人民出版社 1981 年版，第 320 页。

②《中共中央政治局召开民主生活会强调 加强政治建设提高政治能力坚守人民情怀不断提高政治判断力政治领悟力政治执行力》，《人民日报》2020 年 12 月 26 日。

③《毛泽东选集》第三卷，人民出版社 1991 年版，第 815 页。

作方法，更加精准地掌握中国化的马克思主义，凝聚起统一的思想、坚定的意志、协调的行动与强大的战斗力，确保了中国革命取得最后胜利。而选择毛泽东作为我们党众望所归的领袖，这是党员干部政治能力成熟的标志，表明经过20多年的革命实践，广大党员干部的理想信念更加坚定，掌握马克思主义理论的深度明显增强，运用马克思主义分析和解决实际问题的能力得到切实提升。

2021年，《中共中央关于党的百年奋斗重大成就和历史经验的决议》高度评价了党的十八大以来，以习近平同志为核心的党中央带领全党全国人民推动党和国家事业取得的历史性成就、发生的历史性变革，高度评价了习近平总书记作为党中央的核心、全党的核心作出的卓越历史贡献，高度评价了习近平新时代中国特色社会主义思想的指导地位和意义。维护习近平总书记党中央的核心、全党的核心地位，确立习近平新时代中国特色社会主义思想的指导地位，决定道路方向，决定事业成败，决定党的兴衰，决定国家和民族的前途命运。党的十八大以来，在以习近平同志为核心的党中央坚强领导下，成功完成了反贫困、奔小康、抗地震、战疫情、化危机、开新局，在中美贸易摩擦、钓鱼岛主权捍卫、中印边境冲突、南海主权和权益维护以及涉港、涉台、涉疆、涉藏、人权等一系列重大问题上，战胜了一个又一个艰巨挑战，取得了一个又一个伟大胜利，推动中华民族伟大复兴进入不可逆转的历史进程。

只有伟大理论才能指导伟大实践，习近平新时代中国特色社会主义思想对准“坚持和发展什么样的中国特色社会主义、怎样坚持和发展中国特色社会主义”这一重大课题，立根规律，持续深化对共产党执政规律、社会主义建设规律、人类社会发展规律的认识；立定基准，高度概括了只有把马克思主义基本原理同中国具体实际相结合、同中华优秀传统文化相结合，坚持运用辩证唯物主义和历史唯物主义，才能正确回答时代和实践提出的重大问题，才能始终保持马克思主义的蓬勃生机和旺盛活力；立足方法，凝练了必须坚持人民至上、必须坚持自信自立、必须坚持守正创新、必须坚持问题导向、必须坚持系统观念、必须坚持胸怀天下的马克思主义中国化时代化的立场观点方法；立身宗旨，向全体共产党员发出了伟大号召：“牢记初心使命，坚定理想信念，践行党的宗旨，永远保持同人民群众的血肉联系，始终同人民想在一起、干在一起，风雨同舟、同甘共苦，继续为实现人民对美好生活的向往不懈努力，努力为党和人民争取更大光荣！”①

在如此强大的政治引领下，面对党中央作出的“两个确立”政治判断，新时代共产党人要立足现实实践和党的历史经验，以实践理性深邃认识“两个确立”，以情志投入高度认同“两个确立”，以担当力行坚定拥护“两个确立”，坚决做到“两个维护”，自觉做维护党的核心和党中央权威的模范！

三、力行主动担当

新时代共产党人以政治判断力坚定信仰方向，以政治领悟力谋定立场观点方法，归根结底要落在政治执行力的担当作为上，“要牢记空谈误国、实干兴邦的道理，坚持知行合一、真抓实干，做实干家”②。“担当作为就要真抓实干、埋头苦干，决不能坐而论道、光说不练。”③培养“敬心

①《习近平谈治国理政》第四卷，外文出版社 2022 年版，第 15 页。
②《习近平谈治国理政》第三卷，外文出版社 2020 年版，第 521 页。
③《习近平谈治国理政》第四卷，外文出版社 2022 年版，第 529 页。

主一”的修养境界，要“以实固之”，“若主于敬，则自然不纷扰，譬如以一壶水投于水中，壶中既实，虽江湖之水，不能入矣”。[①] 由于宋代儒家思想未能与实践有效结合，导致“敬心修养”渐成“玄学空谈”，使书生空存报国之志而无报国之能。新时代共产党人必须锻造强大的政治能力，主动担当、善作善成；坚持问题导向，以钉钉子精神狠抓落实、抓好落实，以担当实干强化政治执行力。

（一）主动担当展现鲜明政治立场

马克思主义自诞生之日起，就公然申明：“过去的一切运动都是少数人的，或者为少数人谋利益的运动。无产阶级的运动是绝大多数人的，为绝大多数人谋利益的独立的运动。”[②]敢于担当是中国共产党人与生俱来的政治本色和一如既往的鲜明特征。习近平总书记指出，担当就是责任，“要永远保持建党时中国共产党人的奋斗精神，永远保持对人民的赤子之心”[③]。

学史明理，学史力行，历史是最好的教科书。纵观中华民族发展史，农民问题是中国的核心问题，而农民问题的核心又是土地问题。新民主主义革命和社会主义革命取得胜利的根本保障就是成功完成土地改革。在中国近代，国民党政府也曾关注过土地问题，也试图改革农村土地制度。1927—1937 年，南京国民政府先后颁布了 240 多种地政法规及各省地政单行章则，甚至创办国民党中央政治学校地政学院，专门研究改革农村土地制度问题。然而，直到 1949 年国民党败退，国统区农村土地问题比以往任何时期都严重。1952 年，蒋介石在总结土地改革失败的原因

---

①（宋）程颢、程颐：《二程集》，中华书局 1981 年版，第 191 页。

② 马克思、恩格斯：《共产党宣言》，人民出版社 2014 年版，第 39 页。

③《习近平谈治国理政》第二卷，外文出版社 2017 年版，第 32 页。

时指出：“所可惜的是我们有完善的主义、政策、计划和方案，却缺乏具体精密的方法，和笃实践履的行动。”[①]而曾参与国民党土地改革的肖铮却把失败原因归结为，“问题的焦点在于决心不够，只要我们有推行土地政策的决心，法不完全，可以修正，人力不够，可以培育罗致，经费不足，可以筹拨”[②]。事实上，国民党土地改革失败的根本原因是他们以资产阶级价值立场为指导，制定执行的各项方针政策始终要维护资本家和大地主的根本利益，因此土地改革才以失败告终。

中国共产党与国民党几乎在同一时期开始探索农村土地制度改革，经过20年实践，却彻底实现了“耕者有其田”的千年理想，给占农村人口绝大多数的贫雇农带来了实实在在的物质利益，赢得了广大农民的热烈支持与拥护。究其根本，“马克思主义鲜明地站在处于弱势的无产阶级和劳动群众一边，站在最大多数社会成员一边，特别是当少数社会成员掌握了社会的经济资源、政治资源和文化资源的社会状况下，马克思主义把代表广大人民群众的根本利益作为自己坚定不移的价值”[③]。中国共产党人取得土地改革的胜利，正是根据不同历史时期的革命要求和特点，运用唯物辩证法的观点、实践的观点，具体分析不同类型农民、土地状况与土地政策制定执行之间的关系，不断修订完善符合实际、能够满足农民土地需要的科学合理的土地政策。由此可见，中国共产党人关于土地改革的主动担当是始终坚持人民立场，其出发点和落脚点都是为了维护广大人民群众的根本利益。共产党人主动担当起中华民族伟大复兴的

① 中共中央党校党史教研室：《三民主义历史文献选编》，中共中央党校科研办公室1987年印行，第435页。

② 肖铮：《土地改革五十年》，台湾中国地政研究所1980年版，第252—253页。

③ 梁树发：《马克思主义整体性与基本原理体系的建构》,《教学与研究》2007年第11期。

历史使命，是将认识活动与价值追求统一于实践活动之中，是在经济、政治、文化等各个领域整体推进的。

文化是政治和经济的反映，又反作用于政治和经济；经济是基础，政治是经济的集中表现，这是马克思主义者关于文化、政治、经济之间关系的基本观点。由于国民党的政治经济利益、文化价值体系等与中国半殖民地半封建社会的经济、政治、文化的运行方式相一致，因此以蒋介石为代表的统治阶级主张，20 世纪中国的社会治理模式只需进行局部改良，不需要进行根本性、全局性变革。因此，在二十几年的时间里，针对农村土地改革，国民党提出的“计划方案”主要停留在纸面上，而从未开展理论联系实际的现实行动。从中不难发现，国民党虽然控制着国家机器，掌握着各种社会资源，但它在价值取向上根本就不接受辩证唯物主义的历史观，不具有人民群众是历史创造者的价值信念，自然而然不具备土地改革实践的价值前提，也不可能从经济、政治、文化等各领域对半殖民地半封建的中国进行全方位、整体性变革。

中国共产党 1921 年成立时只有 50 多名党员，没有钱，没有地盘，没有武器；即使到 1946 年全面内战爆发时，解放区人口也只有约 1.36 亿，土地面积只约占全国的 24%，基本上依靠传统农业经济，近代工业很少。可以说，新民主主义革命时期的中国共产党作为一个在野党、革命党，一直占有比较少的社会资源，但是中国共产党自成立起，始终坚持以马克思主义为指导，始终坚持共产主义理想和社会主义信念，始终坚持人民立场，始终把为中国人民谋幸福、为中华民族谋复兴作为自己的初心和使命。中国共产党人自觉运用马克思主义理论思维，找到了中国革命的核心问题——农民问题，又找到了革命可以依靠的重要力量——农民。在解决农民最关心的土地问题时，中国共产党不仅对农村经济制度进行变革，而且对新的政治体制与新的文化体制等社会各个组成部分进行了一体化创新。1928年，在《井冈山的斗争》一文中，毛泽东详细阐释了在极端残酷的对敌斗争环境中，党对根据地的军事、土地、政权、党建等领域同时进行的理论探索与实践探索。纵观新民主主义革命各个阶段，中国共产党创造性地解决了党对人民武装绝对领导的重大问题，创造性地解决了团结最大多数人、形成统一战线的重大问题，更加创造性地解决了在当时的特殊社会历史条件下建设马克思主义政党的重大问题，等等。这些共同构成了彻底变革封建土地制度等旧社会政治经济文化体制机制的基础。由此可见，人民至上的马克思主义根本立场与辩证唯物主义、历史唯物主义观点方法，是共产党人主动担当的政治根基；而政治与担当也从未独立在社会实践之外，而是深深扎根于社会实践之中。

（二）主动担当要敢于艰苦奋斗

人民之所以真心诚意信任中国共产党，跟随中国共产党干事创业，中国共产党之所以能够团结带领人民群众创造一个又一个胜利奇迹，最关键的是共产党人拥有其他政党不具备的理想信念、担当作为与人格力量。习近平总书记指出：“干部敢于担当作为，这既是政治品格，也是从政本分。”[①]对党忠诚、为党分忧、为党尽职、为民造福是共产党人政治担当的基本内涵；面对矛盾敢于迎难而上，面对危机敢于挺身而出，敢不敢扛事、愿不愿做事、能不能干事，这是共产党人政治担当的主要表现。主动担当就要敢于自力更生、艰苦奋斗，这充分展现了共产党人“能做事”的魄力与“为谁做事”的立场，昭示了培育艰苦奋斗精神的时代意

① 习近平：《努力造就一支忠诚干净担当的高素质干部队伍》，《求是》2019年第2期。

义与永恒价值。

100 多年来，我们党不断锤炼中华优秀传统文化所传承的筚路蓝缕、玉汝于成的坚强品格，不断弘扬不畏艰难、敢于挑战、永不屈服的顽强精神，造就了“自力更生、艰苦奋斗”的政治底色。正如美国记者斯特朗访问延安后写的那样：“共产党的负责干部，住着寒冷的窑洞，凭借着微弱的灯光，长时间工作。那里没有讲究的陈设，很少物质享受，但却住着头脑敏锐、思想深刻和具有世界眼光的人。”① 艰苦奋斗，不是历朝历代统治阶级在物资匮乏时期一时为之、被迫行之的权宜之计，而是共产党人在任何时期、任何条件下铭记于心、终身坚守的政治本色。对此，习近平总书记指出：“中国革命胜利时，我们党向领导干部提出 3 点要求，一是时刻不能脱离人民群众、自觉接受人民监督，二是永远不能骄傲自满、始终艰苦奋斗，三是时刻防范糖衣炮弹、永葆政治本色。”②

作为中国共产党的政治本色，坚持艰苦奋斗是实现共产主义理想的必然要求。人类社会必然走向共产主义社会，但实现共产主义的道路是漫长的、曲折的，且充满挑战。在这条道路上，奋斗是艰苦的，要战胜恐惧、克服诱惑，要净化灵魂、坚守初心，更要将共产主义理想基因注入人民群众的血液中。同时，“奋斗是长期的，前人栽树、后人乘凉，伟大事业需要几代人、十几代人、几十代人持续奋斗”③。“全党必须清醒认识到，中华民族伟大复兴绝不是轻轻松松、敲锣打鼓就能实现的，前进

---

① 中国延安干部学院编：《中国共产党延安时期廉政建设史论》，中央文献出版社 2011 年版，第 112 页。

② 习近平：《推进党的建设新的伟大工程要一以贯之》，《求是》2019 年第 19 期。

③ 习近平：《在二〇一八年春节团拜会上的讲话》，《人民日报》2018 年 2 月 15 日。

道路上仍然存在可以预料和难以预料的各种风险挑战”[1]；必须不断深化和丰富对共产党执政规律、社会主义建设规律和人类社会发展规律的认识，立足“坚持和发展什么样的中国特色社会主义、怎样坚持和发展中国特色社会主义”这一重大时代课题，保持和发扬艰苦奋斗作风，以党性立身做事，敢于坚持真理，善于独立思考，坚持求真务实，以咬定青山不放松的苦干、实干实现奋斗目标。坚持艰苦奋斗要敢于斗争、敢为人先。党和人民艰苦奋斗取得的所有成就，不是天上掉下来的，也不是别人恩赐的，而是靠不断斗争、敢为人先收获的。毛泽东在《中国革命和中国共产党》一文中指出：“领导中国民主主义革命和中国社会主义革命这样两个伟大的革命到达彻底的完成，除了中国共产党之外，是没有任何一个别的政党（不论是资产阶级的政党或小资产阶级的政党）能够担负的。而中国共产党则从自己建党的一天起，就把这样的两重任务放在自己的双肩之上了，并且已经为此而艰苦奋斗了整整十八年。”[2]党领导人民不懈奋斗、不断进取，仅用几十年时间就走完了西方发达国家几百年走过的工业化历程，创造了经济发展和社会长期稳定两大奇迹。党的十八大以来，在党中央的集中统一领导下，完整、准确、全面贯彻新发展理念，着力推动高质量发展，主动构建新发展格局，扎实推进全过程人民民主，全面推进依法治国，积极发展社会主义先进文化，突出保障和改善民生，大力推进生态文明建设，坚决维护国家安全，防范化解重大风险，大力推进国防和军队现代化建设，全方位开展中国特色大国外交，全面推进党的建设新的伟大工程。中国共产党和中国人民迎来了中国共产党成立

---

① 《中共中央关于党的百年奋斗重大成就和历史经验的决议》，人民出版社 2021 年版，第 72 页。

② 《毛泽东选集》第二卷，人民出版社 1991 年版，第 652 页。

100 周年，中国特色社会主义进入新时代，完成脱贫攻坚、全面建成小康社会的历史任务，实现第一个百年奋斗目标。

在取得举世瞩目的重大成就面前，在彪炳中华民族发展史册的历史性胜利面前，共产党人更要以高度的理论自觉与高超的领导能力，自觉做习近平新时代中国特色社会主义思想的坚定信仰者和忠实实践者，立足重大任务和重大斗争最前沿，扎根艰苦复杂和关键吃劲岗位，敬心“主一”、心怀“国之大者”，持续锻造政治判断力、政治领悟力、政治执行力，坚定理想信念，牢记初心使命，做党的光荣传统和优良作风的忠实传人，成为新时代可堪大用、能担重任的栋梁之材。

第三章

理想信念之诚心

对马克思主义、共产主义的信仰，对社会主义的信念，是共产党人精神上的“钙”。没有理想信念，理想信念不坚定，精神上就会得“软骨病”，就会在风雨面前东摇西摆。全党同志一定要坚守共产党人精神家园，把改造客观世界和改造主观世界结合起来，切实解决好世界观、人生观、价值观问题，练就共产党人的钢筋铁骨，铸牢坚守信仰的铜墙铁壁，矢志不渝为中国特色社会主义共同理想而奋斗。

——2015 年 6 月 12 日，习近平总书记在纪念陈云同志诞辰 110 周年座谈会上的讲话革命理想高于天。理想信念是中国共产党人的政治灵魂，是共产党人政治能力的第一要素。何为“政治灵魂”？就是能够确保正确的政治方向，在政治中起主导和决定性作用的因素，并且能够作为考核党员干部的重要标准。“理想信念坚定，是好干部第一位的标准，是不是好干部首先看这一条。”[①] 理想信念的坚定需要“诚心”。古代儒家认为，“诚心”是至善本体，是善行根源，是道德行为的内在动力，以诚心为基，在探索天道规律的过程中，可以彰显人独一无二的价值存在。1957 年 3 月，毛泽东在中国共产党全国宣传工作会议上的讲话中指出：“我们国家要有很多诚心为人民服务、诚心为社会主义事业服务、立志改革的人。”[②] 因此，修好共产党人的“心学”就是要构建理想信念之诚心，立足道德本心，在总结人类社会发展规律、共产党执政规律、社会主义建设规律中，领悟马克思主义理想信念的深邃内涵，汲取中华民族精神力量，练就“金刚不坏之身”，在大是大非面前旗帜鲜明，在风浪考验面前无所畏惧，在各种诱惑面前立场坚定，为全面建设社会主义现代化国家、全面推进中华民族伟大复兴而团结奋斗。

---

①《习近平谈治国理政》第一卷，外文出版社 2018 年版，第 413 页。

②《毛泽东文集》第七卷，人民出版社 1999 年版，第 275 页。

一、伟大的中华文化选择了马克思主义

马克思主义是实践之学，是无产阶级批判现实世界、改造客观世界的思想武器，它必须与社会现实发生紧密而客观的相互作用。正如毛泽东所指出的：“如果不和客观的实际的事物相联系，如果没有客观存在的需要，如果不为人民群众所掌握，即使是最好的东西，即使是马克思列宁主义，也是不起作用的。”① 中华民族拥有 5000 多年的灿烂文明，文化早已深深镌刻在中华民族的基因里，浸润在中国人民的血液中，交织在人民群众的思维模式和价值情感中。思想文化的力量强烈作用于社会现实，并且极大影响社会的整体运动方向。从儒家“诚”观的视角可以清晰展现出马克思主义理想与中华文化存在根脉上的融通性。从这个意义上说，是伟大的中华文化主动选择了马克思主义。

（一）中华民族“为生民立命”的理想追求

中国古代常以单字作为一个基本范畴，阐述一套基本主张。其中，“诚”就是古代儒家的代表性思想之一。自春秋战国至清代，儒家学者就十分重视对“诚”的研究。揭示“诚”的内涵，不仅可以充分彰显古代儒家理想的价值概貌，展现其理想追求，还可以凸显中国共产党理想信念的民族性本质与特色。

“诚”是儒家“天人合一”的枢纽。孟子提出：“是故诚者，天之道

---

①《毛泽东选集》第四卷，人民出版社 1991 年版，第 1515 页。

也；思诚者，人之道也。至诚而不动者，未之有也；不诚，未有能动者也。”[①]“诚”既代表了天道的规律，又代表了人道的规律，人类效法天道规律而进行的社会治理，才是有效治理。荀子直接言明：“诚心守仁则形，形则神，神则能化矣。诚心行义则理，理则明，明则能变矣。”[②]就是说，人首要的精神器官“心”在对“诚”（规律）的领悟中，可以明了自然和社会运行规律的一致性，于是，治理国家及修养身心皆可找到正确路径。人发挥“诚心”，能够参悟天道和人道。对此，《中庸》给予了高度评价：“唯天下至诚，为能尽其性；能尽其性，则能尽人之性；能尽人之性，则能尽物之性；能尽物之性，则可以赞天地之化育；可以赞天地之化育，则可以与天地参矣。”[③]历史上的圣人们孜孜不倦地发挥主观能动性，通过观察天道规律，制定人类社会的运行法则，使自然、群体、个体都能井然有序、和谐发展，进而实现男有分、女有归，选贤任能，讲信修睦，天下为公的所谓“大同”。既然“诚”能够彰显天道和人道，那么儒家天道和人道的具体内涵又是什么？

何为天道？儒家给出的答案就是“生”。据《礼记》记载，鲁哀公和孔子有这样一段对话：“‘敢问君子何贵乎天道也？’孔子对曰：‘贵其不已。如日月东西相从而不已也，是天道也。不闭其久，是天道也。无为而物成，是天道也。已成而明，是天道也。’”[④]鲁哀公问孔子，君子为何要尊崇天道？孔子回答，上天的运行显现了几种珍贵品质，即永不懈怠、持续开放、滋育万物，还有一个是将规律向人展示，使人明晓。孔子持

---

①（宋）朱熹撰：《四书章句集注·孟子·离娄章句上》，中华书局 2011 年版，第 264 页。

② 熊公哲注译：《荀子·不苟篇第三》，重庆出版社 2008 年版，第 42 页。

③（宋）朱熹撰：《四书章句集注·中庸章句》，中华书局 2011 年版，第 34 页。

④ 胡平生、张萌译注：《礼记·哀公问第二十七》，中华书局 2017 年版，第 965 页。

续观察、总结天道规律，并不断启发统治者以天道为师，他指出：“天何言哉？四时行焉，百物生焉，天何言哉？”[①]“天有四时，春夏秋冬，风雨霜露，无非教也。地载神气，神气风霆，风霆流行，庶物露生，无非教也。”[②]孔子认为，天道最核心的是“生生”，四季运行、风雨霜露皆归于“生万物”“养万物”，如果离开品物流形，天道是没有意义的。正因有了万物资生、亨通交感，“天”就有了目的性和方向性，而人类作为执行“天”的目的性和方向性的代言人，人道的内涵也随之呈现。

何为“人道”？儒家给出的答案就是“仁”。“子贡曰：如有博施于民而能济众，何如？可谓仁乎？子曰：何事于仁！必也圣乎！尧、舜其犹病诸！夫仁者，己欲立而立人，己欲达而达人。能近取譬，可谓仁之方也已。”[③]“子曰：桓公九合诸侯，不以兵车，管仲之力也。如其仁！如其仁！”[④]孔子提出，如果统治者可以对百姓广施恩惠，不轻易发动战争，使人民安居乐业，这就是施行人道，就是正义的，要大力称颂的。在此基础上，孟子进一步将“仁”作为治国理政的根本理念，称为“仁政”。他指出：“王如施仁政于民，省刑罚，薄税敛，深耕易耨，壮者以暇日修其孝悌忠信，入以事其父兄，出以事其长上，可使制梃以挞秦楚之坚甲利兵矣。”[⑤]孟子主张，国君围绕百姓的生产生活进行制度设计，从鼓励农耕、轻徭薄赋到宣教道德礼义，长此以往，国家将以培植深厚道德凝聚强大国力，足以与兵力雄厚之国抗衡。正视战国时代诸侯纷争的现实，

---

① （宋）朱熹撰：《四书章句集注·论语·阳货第十七》，中华书局 2011 年版，第 168 页。
② 胡平生、张萌译注：《礼记·孔子闲居第二十九》，中华书局 2017 年版，第 982 页。
③ （宋）朱熹撰：《四书章句集注·论语·雍也第六》，中华书局 2011 年版，第 88—89 页。
④ （宋）朱熹撰：《四书章句集注·论语·宪问第十四》，中华书局 2011 年版，第 144 页。
⑤ （宋）朱熹撰：《四书章句集注·孟子·梁惠王章句上》，中华书局 2011 年版，第 191—192 页。

荀子提出，“势位齐，而欲恶同，物不能澹，则必争，争则必乱，乱则穷矣。先王恶其乱也，故制礼义以分之，使有贫富贵贱之等，足以相兼临者，是养天下之本也”①，意思就是，统治者治理国家要有长远眼光，如果仅以满足在当前征战中迅速取胜，就会耗损国力，丧失民心；如果以“养民”为根本，就可以从长远上达到富国强兵的目标。同时，荀子还对落实“仁政”的具体制度进行了设计。他主张，其一，农业是保障百姓生存的根本，统治者要以农为本，丈量土地，开荒垦地，兴修水利，使“高者不旱，下者不水，寒暑和节，而五谷以时孰”②，百姓的物质生产和生活获得长久保障，即使遭遇天灾，也能够确保衣食温饱。其二，统治者制定的措施要使农业、畜牧业、养殖业共同发展，“春耕夏耘，秋收冬藏，四者不失时，故五谷不绝，而百姓有余食也。洿池渊沼川泽，谨其时禁，故鱼鳖优多，而百姓有余用也。斩伐养长不失其时，故山林不童，而百姓有余材也”③，天空、水源、山林、土地相生共长，农作物、家畜、飞禽走兽与人和谐共生，自然万物在人间社会的有效治理中为人所用，被人所育，百姓能源丰足，生活优裕。其三，促进商业繁荣，“轻田野之税，平关市之征，省商贾之数，罕兴力役，无夺农时，如是，则国富矣。夫是之谓以政裕民”④，商品充分流通，经济加速增长，社会各阶层皆有所获、皆有所养，国家富强、人民富裕。其四，以上率下，尊崇道德、践行礼义，“事成功立，上下俱富，而百姓皆爱其上，人归之如流水，亲之

① 熊公哲注译：《荀子·王制篇第九》，重庆出版社 2008 年版，第 156 页。
② 熊公哲注译：《荀子·富国篇第十》，重庆出版社 2008 年版，第 193 页。
③ 熊公哲注译：《荀子·王制篇第九》，重庆出版社 2008 年版，第 171 页。
④ 熊公哲注译：《荀子·富国篇第十》，重庆出版社 2008 年版，第 186 页。

欢如父母，为之出死断亡而愉者，无他故焉，忠信调和均辨之至也”[①]，全社会尊崇敬畏“仁义忠信”的道德理念，君主官员爱民、护民，百姓亲上、忠诚。

由此可见，春秋战国时期的儒家在对天道和人道作出独到而精辟概括的基础上，提出了一整套的政治理想，建立起“仁义观”。宋代思想家张载则将历代大一统王朝遵从的“仁义观”概括为：为生民立命。纵观中华民族发展史，在几千年的历史传承中，始终探索总结“为生民立命”的社会治理规律，始终在为“为生民立命”的政治理想奋斗。近代以来，中国遭遇空前民族危机，民不聊生，主要原因是封建专制的政治模式、生产力低下的小农经济及“三纲五常”社会桎梏等压榨个体创造力的腐朽礼教，而沉淀在中华文化中的仁义精神依然闪耀光芒，“为生民立命”的政治理想依然存在。在国家和民族危难之际，共产党人以先进的科学的马克思主义思想为指导，以国家和民族复兴、“为生民立命”为奋斗目标，自觉承载中华文化的仁义精神，在团结带领中国人民进行伟大变革中激发出仁义精神活力，成为铁肩担道义的政治生力军。

（二）马克思主义理想与中华民族理想的融合

“一个民族之所以伟大，根本就在于在任何困难和风险面前都从来不放弃、不退缩、不止步，百折不挠为自己的前途命运而奋斗。”[②]5000多年来，伟大的中华民族之所以历经磨难而生生不息，是因为优秀的中华文化支撑中华民族渡过重重难关，不断从苦难迷惘中走出来，迸发出与时

① 熊公哲注译:《荀子·富国篇第十》，重庆出版社2008年版，第199页。
②《习近平谈治国理政》第四卷，外文出版社2022年版，第107页。

代发展相一致的创造力。中华文化是中国、中华民族发展中最基本、最深沉、最持久的力量，是中华民族、中华儿女休戚与共、血脉相连的重要纽带。中华文化之所以具有最基本、最深沉、最持久的力量，那是因为中华文化在结构上虽“源于经济结构，但它一经形成，便具有相对的独立性。这种相对独立性首先表现为文化结构的变化发展与经济结构变化发展不一定完全同步”①，还表现为文化深层结构具有稳定性，同时能够吸收借鉴外来文化，并能与其有机融合。到了近代，中华民族经济结构与政治治理模式虽严重落后于西方发达国家，但中华文化“求规律、为百姓”的深层结构却丝毫没有落后于时代，自然不可能被时代淘汰。与此同时，中华文化的深层结构还对近代以来的改良运动与革命行动进行着鉴别评判，主动拣选涌入中国的各种主义、学说。最终，中华文化的深层结构选择了与之最为契合的马克思主义，使马克思主义在中国落地生根，使马克思主义理想与中华民族理想相融合。

近代以来，中华文化的深层结构虽依然稳固，但也出现了现实问题，尤其是在“有用即真理”的实用主义标准下。比如，所求规律的具体样态，“为百姓”的具体目标，探索规律、实现目标的路径和方法，以及依靠谁来实现目标，等等，都是中华文化所亟须解决的现实问题，是中华文化发展过程中的后天缺陷和不足，也是产生“中华文化是落后文化”这一错误认识的根源。为此，中华文化对各种思潮、各类运动进行了甄别和拣选。1840年之后，中国历史上先后发生了由洪秀全领导的太平天国农民起义，以康有为、梁启超、谭嗣同等为代表的资产阶级改良

---

① 陈先达、杨耕编著：《马克思主义哲学原理》（第3版），中国人民大学出版社2010年版，第203页。

派发起的维新变法，以孙中山为代表的资产阶级革命派发动的辛亥革命。这些最有影响力、最具代表性的思潮和运动，沉重打击了帝国主义和封建主义，促进了人民的觉醒，结束了在中国持续2000多年的封建帝制，开启了中国进步的闸门。但它们要么继续以古代封建社会政治经济模式谋求民族复兴，要么照搬照抄西方政治理念与民主共和方案，其结果是“在一个很长的时期内，即从一八四〇年的鸦片战争到一九一九年的五四运动的前夜，共计七十多年中，中国人没有什么思想武器可以抗御帝国主义。旧的顽固的封建主义的思想武器打了败仗了，抵不住，宣告破产了。不得已，中国人被迫从帝国主义的老家即西方资产阶级革命时代的武器库中学来了进化论、天赋人权论和资产阶级共和国等项思想武器和政治方案，组织过政党，举行过革命，以为可以外御列强，内建民国。但是这些东西也和封建主义的思想武器一样，软弱得很，又是抵不住，败下阵来，宣告破产了”①。中国古代治理者拥有一整套思想武器，即仁礼一体，以农为本、“忠孝节义”宗法制度等，使中华民族几千年来巍然屹立于世界东方；到了近代，还是这套思想武器，却完全被西方资本主义制度、商品大潮、枪炮和鸦片击碎，中华民族到了亡国灭种的边缘。这种转变、这个结果，使得中国人自然而然产生困惑，天道与百姓之间似乎再无规律可循，掌握规律的“圣人”“贤人”“君子”似乎再难出现，中华民族似乎再无焕发生机的可能。

在此情势下，俄国十月革命的胜利开辟了人类历史的新纪元，马克思主义也出现在中国人的视野中。这个高举马克思列宁主义思想武器，由无产阶级政党领导、工农掌握政权的社会主义国家，极大颠覆了中国

①《毛泽东选集》第四卷，人民出版社1991年版，第1513—1514页。

先进分子的固有文化观念。中国自古以来都秉持“劳心者治人，劳力者治于人”的观念，社会治理也始终遵循“天尊地卑，乾坤定矣，卑高已陈，贵贱位矣”的理念。自周朝开始，中国形成了等级制度严格且分明的社会，统治阶级及为统治阶级服务的、以儒家为代表的高举仁义大旗的知识分子一贯倡导“养民、富民、爱民”，却从未有人提出打破“官、士、民”的界限，将“民”与“官”“士”平等，即使是大同理想的治世方案也从未设计出将农民、手工业者变成掌握国家政权的统治者。古代的“仁义观”始终强调“为民”，却从未出现过“民主”“民权”“民治”等内容和形式，更未出现让劳动人民成为社会发展方向的主导者和创造者。但是，苏维埃社会主义共和国联盟以马克思列宁主义为指导，一经诞生，虽处于艰苦创业时期，经受饥饿、内战、外国干涉等重重磨难，却焕发出令世界震惊的蓬勃生机、顽强斗志。马克思列宁主义的新文化、科学的宇宙观和社会革命论，创造出了一个由劳动人民主宰的崭新国度，这令中国先进人士产生了“必须依靠下层人民，必须走俄国人的道路”①的思想。

由此可见，“一定历史发展阶段上的文化结构，在内容上主要是反映现实的经济结构，但它同时会吸收、保留以往意识形态的某些内容，‘古为今用’；在形式上会继承以往创造的形式，同时根据新的内容和条件加以改造、补充和发展，并创造新的具体形式，‘推陈出新’”②。中华文化虽在近代遭遇了巨大挫败，经历了巨大磨难，但植根于中华文化深层结构

---

①《社会主义发展简史》编写组编著：《社会主义发展简史》，人民出版社、学习出版社2021年版，第136页。

② 陈先达、杨耕编著：《马克思主义哲学原理》（第3版），中国人民大学出版社2010年版，第204页。

中的“为生民立命”的价值理想，却能随着时代的发展、社会经济结构的变化，促使中国先进人士重新审视劳动者的社会地位和社会价值，进而接受马克思主义的群众史观，积极学习借鉴苏联以马克思主义思想武器建设国家的实践经验。正是由于中华文化深层结构中的价值理想从未离开过人，从未离开过百姓利益，共产党人才能确立全心全意为人民服务的根本宗旨，才能将人类的自由解放作为奋斗目标，才能弥补中华传统文化轻视甚至忽视社会实践的不足，才能实现理论联系实际，同时改造主观世界和客观世界。

二、马克思主义理想中国化为志向、精神

“文化具有承载和传递文明的功能。在文化的各种形式中，积累着人们认识世界和改造世界的知识和经验。文化的这种功能，可以使人们在几年、十几年、几十年中掌握人类几千年积累的经验，避免了一切‘重新开始’。”[①] 在注重文化传承的同时，我们还要时刻关注文化的选择。毛泽东就曾经指出：“我们既反对盲目接受任何思想也反对盲目抵制任何思想。我们中国人必须用我们自己的头脑进行思考，并决定什么东西能在我们自己的土壤里生长起来。”[②] 中国人“自己的头脑”，就是中国人自我独立的思考，其重要特征之一就是中华文化深层结构对中国人思维模式与心理模式的塑造。马克思主义在中国的百年实践，是马克思主义中国化的百年实践，是马克思主义被中国“古已有之”的思维模式及心理

① 陈先达、杨耕编著：《马克思主义哲学原理》（第 3 版），中国人民大学出版社 2010 年版，第 204 页。

②《毛泽东文集》第三卷，人民出版社 1996 年版，第 192 页。

模式再造、融合的百年实践。因此，我们有必要以“诚意、正心、立志”为视角，通过破解马克思主义中国化的实践法门，发掘马克思主义成功唤醒中国人自信心与行动力的关键因素，从而激发理想信念在未来赓续的生命活力。

（一）高远志向是精神主动的动力

针对古代知识分子为学、为人和为政的教育目的，《大学》提出“格物、致知、诚意、正心、修身、齐家、治国、平天下”，八项条目首尾相合、环环相扣，自成系统。其中，诚意与正心是打通内圣与外王的重要枢纽。由内圣开外王，即立志将儒家“为生民立命”的仁义观作为治理国家的根本理念，播撒在社会生活的方方面面，这是儒家君子的终身志向，也是其奋斗理想。因此，诚心须臾不离立志，拥有高远志向，方为诚心。

作为中华文化深层结构的重要构成之一，志向、志量由立志始，而成于“知行合一”。孟子云：“夫志，气之帅也；气，体之充也。夫志至焉，气次焉；故曰：持其志，无暴其气。”[①]程颐曾言：“学者未到不动处，须是执持其志。”[②]王夫之更赋予“志”强大的精神动能，他提出：“志立则学思从之，故才日益而聪明盛，成乎富有；志之笃，则气从其志，以不倦而日新。盖言学者德业之始终，一以志为大小久暂之区量。”[③]从春秋战国直至清代末期，中华仁义理想千年不绝，究其根本原因，在于一代又一代知识分子立下“为往圣继绝学、为万世开太平”之宏图远志，并

①（宋）朱熹撰：《四书章句集注·孟子·公孙丑章句上》，中华书局2011年版，第214页。
②（宋）程颢、程颐：《二程集》，中华书局1981年版，第247页。
③（明）王夫之：《张子正蒙注》，上海古籍出版社2000年版，第172页。

著书立说，续文脉、扬天理。近代以来，马克思主义逐渐成为中华大地凝聚人心、激发雄心之动力，其深层文化原因是，作为中华民族优秀儿女的共产党人，为了实现中华民族伟大复兴的高远志向，勇于学习吸收马克思主义的科学理论，敢于创造性转化、创新性发展中华文化，大胆实践、英勇斗争、不怕牺牲。正如毛泽东在《唯心历史观的破产》中深刻指出的：“自从中国人学会了马克思列宁主义以后，中国人在精神上就由被动转入主动。从这时起，近代世界历史上那种看不起中国人，看不起中国文化的时代应当完结了。伟大的胜利的中国人民解放战争和人民大革命，已经复兴了并正在复兴着伟大的中国人民的文化。”①

共产党人精神由被动变主动的关键，是为了实现高远志向，需要在社会实践中达到“知行合一”。几代共产党人，心存“为人民谋幸福、为民族谋复兴、为世界谋大同”的高远志向，以精神动能为支撑，几十年如一日带领人民群众开展了改天换地的社会实践，夺取了革命、建设、改革、新时代一个又一个伟大胜利，使中华民族迎来了从站起来、富起来到强起来的伟大飞跃。在这个过程中，共产党人也更加明晰物质与精神、社会存在与社会意识的辩证关系，尤其是“承认总的历史发展中是物质的东西决定精神的东西，是社会的存在决定社会的意识；但是同时又承认而且必须承认精神的东西的反作用，社会意识对于社会存在的反作用，上层建筑对于经济基础的反作用”②。100多年来，在马克思主义指导下，经过马克思主义实践观改造的中国“仁义观”，清楚地认识到精神的主动就是精神对物质、社会意识对社会存在的反作用，精神主动的作

①《毛泽东选集》第四卷，人民出版社1991年版，第1516页。

②《毛泽东选集》第一卷，人民出版社1991年版，第326页。

用力来自共产党人实现马克思主义理想、中华民族理想的意愿，也就是高远志向。

高远志向是共产党人的精神动能，支撑共产党人持续完成改造客观世界的社会实践的同时，也在不断地改造自身的主观世界，重构志向愿景与具体任务，重建认知心理和结构，重塑精神品质与意志。马克思主义强调，无产阶级政党领导无产阶级要在改造客观世界的过程中完成主观精神世界的重塑，形成新的思维逻辑、心理构造与精神境界。马克思、恩格斯指出："过去一切阶级在争得统治之后，总是使整个社会服从于它们发财致富的条件，企图以此来巩固它们已经获得的生活地位。……无产者没有什么自己的东西必须加以保护，他们必须摧毁至今保护和保障私有财产的一切。"[①]"从这个意义上说，共产党人可以把自己的理论概括为一句话：消灭私有制。"[②]无产阶级"消灭了阶级本身的存在条件，从而消灭了它自己这个阶级的统治。代替那存在着阶级和阶级对立的资产阶级旧社会的，将是这样一个联合体，在那里，每个人的自由发展是一切人的自由发展的条件"[③]。换句话说，在这个以公为基础的联合体里，每个人都是"我为人人"的无私者。详细研读《共产党宣言》《社会主义从空想到科学的发展》《国家与革命》等马克思主义书籍后，老一辈革命家蔡和森得出结论："我对于中国将来的改造，以为完全适用社会主义的原理和方法。"[④]中国知识分子之所以迅速领悟、完全接受马克思主义学说，根本原因在于中华优秀传统文化内核的诚意、正心、志向的精髓与马克思

① 马克思、恩格斯：《共产党宣言》，人民出版社 2014 年版，第 39 页。
② 马克思、恩格斯：《共产党宣言》，人民出版社 2014 年版，第 42 页。
③ 马克思、恩格斯：《共产党宣言》，人民出版社 2014 年版，第 51 页。
④《蔡和森文集》，人民出版社 1980 年版，第 51 页。

主义学说的核心要义相一致，都是大公无私。2000多年来，儒家思想随着朝代更迭而不断发展丰富，但始终强调超越个人私欲，始终强调以志引欲，始终强调舍“小我”之私、立天地“大本”。这些文化素养皆沉淀在中国知识分子的文化血脉中，自然也流淌在受传统儒家学说启蒙的共产党人的血液里，自然注入共产党人的高远志向中，转化为精神主动的动力，成为唤醒中国人自信心与行动力的关键。

（二）党的百年实践构建起共产党人的精神谱系

精神不是万能的，但没有精神是万万不能的。中国共产党一贯重视精神力量，毛泽东同志曾指出：“人是要有一点精神的，无产阶级的革命精神就是由这里头出来的。”[①]100多年来，中国共产党人为了获得马克思主义中国化的社会实践方案，进行了最为艰难、牺牲巨大的探索。在这个过程中，通过实践带来的物质变革，通过实践产生的人的进步，使得共产党人具备了带领中国人民改天换地的能力和才略，也激发出内在的创造潜能，产生了自信、自立、自强的激情和活力，以及自控、自律、自觉的意志和毅力。这种革命精神越是深入社会实践，越能够增强共产党人和人民群众的自信、自立、自强；这种革命精神越被共产党人和人民群众信服，越能够广泛而持久地存在；这种革命精神越是持久存在，越能进一步激发共产党人和人民群众的潜能，越能产生更大的创造力，并进一步推动经济社会的变革。党的百年实践充分表明，正是在实践、人、精神的相互作用与相互影响的良性互动中，古老的中国在共产党人的领导下，以风华正茂之英姿，以勇立时代潮头的意志与勇气、路径与

---

①《毛泽东文集》第七卷，人民出版社1999年版，第162页。

行动，构建起共产党人的精神谱系。

延安是中国共产党的地理坐标、历史坐标、实践坐标和精神坐标。“延安时期是我们党领导的中国革命事业从低潮走向高潮、实现历史性转折的时期。老一辈革命家和老一代共产党人在延安时期留下的优良传统和作风，培育形成的以坚定正确政治方向、解放思想实事求是的思想路线、全心全意为人民服务的根本宗旨、自力更生艰苦奋斗的创业精神为主要内容的延安精神，是我们党的宝贵的精神财富。”[①]党在延安时期遭受自然灾害、国民党经济封锁、日本帝国主义军事进攻等多方面压力。在极为艰难的外部环境中，党确立了毛泽东思想的指导地位，并在毛泽东思想的指导下开展社会实践。毛泽东多次强调，马克思主义是“矢”，中国问题是“的”，必须“有的放矢”，“只有用马克思主义观点来研究实际问题、能解决实际问题的，才算实际的理论家”[②]。

“用马克思主义的基本观点，即阶级分析的方法，作几次周密的调查，乃是了解情况的最基本的方法。”[③]陕甘宁边区是党在抗日战争时期面积最大、时间最长、影响最广、遇到困难最多、情况最为复杂的根据地。同时，还是直接推动落实党中央决策部署、联系党与群众关系的枢纽。这要求边区政府必须具备过硬的领导能力，能够创造性地贯彻执行党的群众路线，能够有效组织群众、带领群众落实各项政策。作为陕甘宁边区政府主席，林伯渠被人民群众亲切地称为“没有官架子的百姓青天”。林伯渠为人民服务的本领来自实践，更来自群众，他将学习群众、领导群众、服务群众有机结合，以实现群众的切身利益为标准，检验领导方

---

① 习近平：《论中国共产党历史》，中央文献出版社 2021 年版，第 98 页。

②《毛泽东文集》第二卷，人民出版社 1993 年版，第 374 页。

③《毛泽东选集》第三卷，人民出版社 1991 年版，第 789 页。

法和工作措施，改正缺点不足。陕甘宁边区从1940年左右成立劳动互助组，却因实施效果不佳被迫取消。林伯渠通过深入调查研究发现，延安县利用传统的变工队大幅提升了劳动生产率，而安塞县一年内开荒的900亩中，其中600亩是由传统的变工队完成的。通过学习总结基层单位和人民群众的好经验，边区政府迅速制定了新的互助政策，到1943年，陕甘宁边区劳动互助组受到了人民群众的广泛支持，在促进农、工、商发展中发挥了极为突出的作用。

历史唯物主义指出，人民群众是真正的英雄，是历史的创造者，是社会发展前进的动力。党将人民群众组织起来，就是要在改造客观世界的同时，改造人民群众的主观世界；就是要通过政策的引导、激励，通过干部、党员表率示范，人民群众获取物质利益的同时，感受到个人价值与社会价值的有机统一，改变“劳动下贱”的糟粕观念，体验“劳动最光荣”的崇高感、自豪感。1941年，延安县委县政府通过报纸报道、物质奖励等方式，发起了向农民劳模吴满有学习的运动。这场运动的开展，大大激发了全县广大农民的生产热情，1942年延安县开荒达到8万亩。陕甘宁边区政府也推出了郝四、马丕恩、马杏儿、李学义、杨朝臣等劳动英雄，号召全区200万农民向劳动英雄学习。1943年11月26日至12月16日，陕甘宁边区召开了第一次劳动英雄大会与农业生产展览大会，评选出200多名劳动英雄。1944年12月21日至1945年1月14日，陕甘宁边区召开了第二次劳动英雄与模范工作者表彰大会，在农业、工业、文化卫生保育、合作运输、财政金融贸易、司法保安、行政等领域评选出了74名特等劳动英雄和模范工作者、200名甲等模范、189名乙等模范。中国共产党通过组织领导劳动生产竞赛，以变工队的组织形式改变了旧有生产组织形式，以“劳动最光荣”的新生产观念改变了“打柴、生产是当奴隶”“劳动下贱”等陈旧腐朽的旧观念，以精神力量带动物质创造力，以新的人与人的关系，以严谨、精准的组织能力使人民群众自己动手改造旧生活、创造新生活。

孙中山曾在《民权初步》一书中指出：“中华民族，世界之至大者也，亦世界之至优者也。中华土地，世界之至广者也，亦世界之至富者也。然而以此至大至优之民族，据此至广至富之土地，会此世运进化之时、人文发达之际，犹未能先我东邻而改造一富强之国家者，其故何也？人心涣散，民力不凝结也。”[①]资产阶级革命家及掌权者虽能正确分析国弱之因在于“人心涣散、民力不凝”，在于“有家无国”，在于“民众是一盘散沙”，却未能拿出百倍毅力、千分精力解决之、战胜之、破解之。中国共产党人具有坚定的理想信念，是弘扬“诚心”的杰出代表。《尔雅》《广雅》《说文》皆释“诚”为“信”，“诚”“信”互训，“信”即以“知行合一”贯彻“所信”。共产党人选择信仰历史唯物主义、信仰群众史观，便将相信群众、依靠群众贯彻到实践中，想方设法创造使人民群众一展身手的好机会，竭尽所能搭建让人民群众一展才干的大舞台。实践证明，正是由于中国共产党始终深深扎根人民群众，紧密联系、组织人民群众，充分相信、尊重人民群众，积极引导、教育人民群众，凝聚民心、凝结民力，才赢得了人民群众的衷心热爱与信赖，才激发了人民群众巨大的创造力。

在百年奋斗历程中，中国共产党带领中国人民取得了革命、建设、改革的伟大胜利，以社会实践为纽带铸就了具有丰富时代内涵和民族特

---

① 参见祝灵君：《适应新时代新挑战　增强党的群众组织力》，《党建研究》2018年第6期。

征的革命精神，构建起延安精神、抗美援朝精神、“两弹一星”精神、特区精神、抗疫精神等共产党人独特的精神谱系，成为中国共产党人的精神支柱和宝贵财富。同时，中国共产党百年精神谱系蕴含着党和人民求真务实、真抓实干、攻坚克难、无私无畏的巨大精神力量，正是这股精神力量的薪火相传，使得共产党人和中国人民持续迸发创造性能量，使得中华民族实现从积贫积弱中站起来、富起来、强起来的伟大飞跃！

三、培植道德本心，做理想信念的实践者

理想信念是共产党人的精神之“钙”、力量之源。“只有理想信念坚定，用坚定理想信念炼就了‘金刚不坏之身’，干部才能在大是大非面前旗帜鲜明，在风浪考验面前无所畏惧，在各种诱惑面前立场坚定，在关键时刻靠得住、信得过、能放心。”[①] 道德本心是人的道德实践的价值基础，是理想信念的居所，也是理想信念坚定的根基和关键。马克思主义指出，理想信念不仅是意识、是文化，更是马克思主义实践的重要构成。“实践把人的目的、知识、能力等本质力量对象化为客观实在，创造出一个属人的对象世界。”[②]理想信念所蕴含的目的、知识及能力都储存在道德本心之中，并且道德本心具有很强的实践性。理想信念通过道德本心的实践与客观实在相互联系、相互作用，并通过变革客观实在（改造客观世界），理想信念在道德本心的支撑下能够转化成精神力量。事实证明，共产党人一旦拥有这种精神力量，就能有效抵制现实社会中的物质打击

---

①《习近平谈治国理政》第一卷，外文出版社 2018 年版，第 413 页。

② 陈先达、杨耕编著：《马克思主义哲学原理》（第 3 版），中国人民大学出版社 2010 年版，第 68 页。

和诱惑。因此，新征程上的共产党人需要培植道德本心，深入领悟精神与理想对社会实践的引导作用，并且通过社会实践，认识、继承、弘扬民族精神，做理想信念的实践者。

（一）在物质化实践中凝聚强大精神

“在一百年的非凡奋斗历程中，一代又一代中国共产党人顽强拼搏、不懈奋斗，涌现了一大批视死如归的革命烈士、一大批顽强奋斗的英雄人物、一大批忘我奉献的先进模范，形成了井冈山精神、长征精神、遵义会议精神、延安精神、西柏坡精神、红岩精神、抗美援朝精神、‘两弹一星’精神、特区精神、抗洪精神、抗震救灾精神、抗疫精神等伟大精神，构筑起了中国共产党人的精神谱系。我们党之所以历经百年而风华正茂、饱经磨难而生生不息，就是凭着那么一股革命加拼命的强大精神。”[①] 中国共产党的百年实践凝聚形成的百年精神谱系，是对儒家“诚意”“正心”道德本体与道德追求的创新性发展，使 2000 多年的“诚心”文脉具有了扎扎实实的物质基础，焕发了生机与活力。

从先秦延续至清代的“诚心”文脉，越来越脱离社会现实，越来越无法在现实生活中凝聚人心、激发民众精神力量，究其根本原因在于读书人脱离改造社会的实践，精神、文化、理想等因缺乏物质根基而成为虚浮、虚化、虚荣的“装饰品”。读书人“无事袖手谈心性，临危一死报君王”，只能清谈，不会创业实干；普通百姓则不通文墨、专注眼前、胸无抱负，只可谋生，何谈理想！直到“中国人学会了马克思列宁主义以

① 习近平：《在党史学习教育动员大会上的讲话》，《求是》2021 年第 7 期。

后，中国人在精神上就由被动转入主动”①。首先，中国人学会了马克思主义思想武器的核心与关键，就是注重社会实践，尤其是物质生产实践。列宁曾指出，唯物主义的基本前提是承认外部世界，承认物在我们的意识之外并且不依赖我们的意识而存在着。物质生产活动是人的第一个历史活动，也是每日每时必须进行的基本活动。马克思把物质生产活动作为实践的首要形式和根本内容。知识要在现实生活中运用，要在改造现实环境的过程中进一步完善，只有通过实践将感性认识上升为理性认识，用理性认识进一步指导实践，才能真正发现事物内在的规律，运用规律达到目的，实现理想。因此，共产党人必须勇敢扎根实际，身心合一投入火热现实中。

马克思主义实践观强调，人是物质实体，人要通过工具等物质手段同物质世界进行物质交换，实践绝对不能脱离鲜活的物质。从土地革命战争时期开始，党明确要求共产党员必须紧盯农民、工人等劳动群众的生活问题，从土地问题到劳动问题再到群众家里的柴米油盐问题，党员都要主动替群众想在前面。更重要的是，必须带领他们一起发展生产，亲手改善人民群众的生活状况。只有这样，群众才能体会到共产党是与他们是同呼吸、共命运的，共产党是真心实意为他们谋幸福的。改革开放时期，邓小平提出：“社会主义财富属于人民，社会主义的致富是全民共同致富。”“我们有我们的责任，要对世界上五分之一的人负责，要发展经济，使他们生活得更好。”②通过解放和发展生产力，“我们的目标是建设具有中国特色的社会主义，比较好地比较快地发展中国的社会主义经

①《毛泽东选集》第四卷，人民出版社 1991 年版，第 1516 页。

②《邓小平文选》第三卷，人民出版社 1993 年版，第 172、326 页。

济，改善人民生活”[①]。根据人民的生活状况，邓小平提出了“小康社会”的奋斗目标，要“使占人类四分之一的人口摆脱饥饿和贫困，达到小康状态”[②]。

中国特色社会主义进入新时代，我国社会主要矛盾已经转化为人民日益增长的美好生活需要和不平衡不充分的发展之间的矛盾。对此，以习近平同志为核心的党中央明确提出全面深化改革。习近平总书记指出，“我们要始终把人民立场作为根本政治立场”[③]，“要坚持人民主体地位，顺应人民群众对美好生活的向往，不断实现好、维护好、发展好最广大人民根本利益”，“生产出更多更好的物质精神产品，不断满足人民日益增长的物质文化需要”。[④]新时代，在党中央的集中统一领导下，党紧紧依靠人民，凝聚人民的智慧和力量，全面深化改革，深入开展脱贫攻坚，保证全体人民在共建共享发展中有更多获得感，不断促进人的全面发展、全体人民共同富裕。新时代，全社会形成了推进改革发展、共同致富的磅礴力量，结出了累累硕果，打赢了人类历史上规模最大的脱贫攻坚战，实现了小康这个中华民族的千年梦想。

其次，中国人学会了马克思主义思想武器所要实现的目标，就是让人成为自身的主人。马克思主义理想是实现共产主义。共产主义是社会与个体协同进步、物质和精神平衡发展的最高阶段。在共产主义社会，人不再受资本、金钱等的奴役，身体和精神的创造力得到最大限度开发，

---

①《邓小平年谱：1975—1997》（下），中央文献出版社 2004 年版，第 1049 页。

②《邓小平年谱：1975—1997》（下），中央文献出版社 2004 年版，第 870 页。

③《习近平谈治国理政》第二卷，外文出版社 2017 年版，第 52 页。

④《习近平关于“不忘初心、牢记使命”论述摘编》，党建读物出版社、中央文献出版社 2019 年版，第 136—137 页。

享受生命全面发展的劳动乐趣，“人终于成为自己的社会结合的主人，从而也就成为自然界的主人，成为自身的主人——自由的人”①。中国是在自己独有的历史背景中选择了马克思主义，在自己独有的深层文化结构中继承并创新了马克思主义，更为关键的是，共产党人敢于将自己全然献身“天下为公”的道德理想，全然献身共产主义理想，为共产主义理想注入了中华民族元素。在100多年的时间里，共产党人带领中国人民通过物质化的社会实践活动，争取了民族独立、人民解放，实现了国家富强、人民幸福，使中国人民彻底摆脱了被欺负、被压迫、被奴役的命运，成为国家、社会和自己命运的主人。中国人民更加自信、自立、自强，极大增强了志气、骨气、底气，在历史进程中积累的强大能量充分爆发出来，焕发出前所未有的历史主动精神、历史创造精神，正在信心百倍书写着新时代中国发展的伟大历史。在这个过程中，共产党人带领中国人民的物质化社会实践也构建起了以伟大建党精神为代表的精神谱系。

百年精神谱系中的“两弹一星”精神，诞生于“两弹一星”工程。20世纪50年代中期，面对国际社会核讹诈和军备竞赛，为保卫和平、增强国防实力，以毛泽东同志为主要代表的中国共产党人作出发展“两弹一星”、突破国防尖端技术的重大战略决策。这是以研制导弹、原子弹和科学试验卫星为主要内容的重大国防工程。大批科技工作者，包括许多在国外已取得杰出成就的科学家，怀着对新中国的满腔热爱，响应党和国家的召唤，以身许国，义无反顾地投身“两弹一星”工程中。科学家和参与“两弹一星”研制工作的广大工人、干部、解放军指战员一起，在当时国家经济、技术基础薄弱，工作生活条件极为艰苦的情况下，自

---

①《马克思恩格斯文集》第三卷，人民出版社2009年版，第566页。

力更生，发奋图强，突破了核弹、导弹和人造卫星等尖端技术。1964年第一颗原子弹成功爆炸，1967年第一颗氢弹空爆试验成功，1970年“东方红1号”人造地球卫星发射成功。这场由中国共产党领导的“两弹一星”工程是中国历史上前无古人的科学创造，是战胜了物质技术基础薄弱、物质生活水平艰苦、国际环境艰难险恶等多种不利因素的人间奇迹，使中国人民增长了极大的志气、骨气、底气！这场人对物质的大挑战、大搏击、大创造，最终凝结成了“热爱祖国、无私奉献，自力更生、艰苦奋斗，大力协同、勇于登攀”的“两弹一星”精神。

由此可见，百年精神谱系的诞生背景与精髓内涵鲜活昭示了共产主义理想的中国化解读与中国式实践。理想通过物质彰显，理想接受物质检验，理想在改造物质的历程中，由虚转实，由抽象变为丰满。最为关键的是理想与劳动，化作了无数普通人、平凡人身上的“双翼”，使人的创造力一跃而起，振翅腾飞；在一代又一代人的奋斗不息中，使理想“天国”一步一步显现人间。

（二）做民族精神的弘扬者

新中国成立前夕，毛泽东感慨万分，他指出：“世间一切事物中，人是第一个可宝贵的。在共产党领导下，只要有了人，什么人间奇迹也可以造出来。”① 在庆祝中国共产党成立100周年大会上，习近平总书记感慨万分地指出：“江山就是人民、人民就是江山，打江山、守江山，守的是人民的心。”②100多年前，中国共产党的先驱们以“坚持真理、坚守理

①《毛泽东选集》第四卷，人民出版社1991年版，第1512页。
②《习近平谈治国理政》第四卷，外文出版社2022年版，第9页。

想，践行初心、担当使命，不怕牺牲、英勇斗争，对党忠诚、不负人民”的伟大建党精神，激励人民、鼓舞人民、团结人民，创造了一个崭新中国；100多年来，中国共产党弘扬伟大建党精神，在长期奋斗中构建起中国共产党人的精神谱系，使光荣传统、红色血脉、强大精神在共产党人和人民群众中代代相传、发扬光大，使共产党人和人民群众的心灵状态、意识世界、精神境界“苟日新，日日新，又日新”①，使儒家的“诚”“信”道德本心与时代人心渐渐趋合。

精神与理想通过人得以展现，人是精神与理想的承载者。蔡和森“忠诚印寸心，浩然充两间”的坚毅，夏明翰“砍头不要紧，只要主义真”的无畏，杨靖宇腹中满是草根却宁死不屈的气节，江竹筠十指钉入竹签永不叛党的坚贞，等等，可敬可钦的无数先烈用热血、生命诠释了革命战争年代的忠诚担当。新中国开国将军甘祖昌，1957年主动向组织申请回江西农村当农民，30年来，他带领农民群众挖地下水道使粮食增产，改造冬水田成果斐然，建水库、建发电站、建修配厂、建水泥厂，给家家户户装电灯，为当地建桥梁，向人民群众展示了何为“艰苦奋斗”、何为“保持本色”。福建东山县委书记谷文昌带领干部群众不追求轰轰烈烈的显绩，扎扎实实、默默奉献，用十几年时间在沿海建成了一道惠及子孙后代的防护林，以潜绩、实绩教育党员，引导干部，在人民群众心中树立起一座不朽的丰碑，向世人展现了不求功名、不计得失。新中国成立70多年来，右玉县委书记们一任接着一任干、一届接着一届干，率领干部、群众持之以恒把曾经“日日刮强风、时时吹沙尘”的地处山西与内蒙古交接风口处的不毛之地，变成了拥有160多万亩绿化面

① （宋）朱熹撰：《四书章句集注·大学章句》，中华书局2011年版，第6页。

积、森林覆盖率超过全国平均水平的塞上绿洲，彰显了“迎难而上、艰苦奋斗，久久为功、利在长远”的精神伟力！无数革命先烈与优秀的中国特色社会主义事业建设者在实现理想和目标的征程上，遵从道德本心，克服了贪生怕死、功名利禄、恶劣生态环境等种种束缚与考验，成了“一个高尚的人，一个纯粹的人，一个有道德的人，一个脱离了低级趣味的人，一个有益于人民的人”①，成了自己生命的主宰者，成了民族精神的传承者。

情感与意志是践行理想的根基，情感与意志是产生弘扬精神的无穷动能。马克思指出，人将强烈的激情和热情贯注在对象物身上，以此来追求自己的本质。列宁也曾指出，人的意识不仅是反映客观世界，更要创造新的客观世界。激情热情、意志定力、知识技能共同构成了人的意识，其中，知识是以理性思维和理论逻辑对世界开展的真理性追求；情感是以热爱、愤怒等喜怒哀乐心理感受对客观事物形成的欲求，产生价值追求；意志是人类追求某种目的和理想时表现出来的克制、毅力、信心和顽强不屈的精神状态。马克思主义提出：“实践的主体是知、情、意相统一的整体，实践主体能力的发挥不仅取决于知识的主导作用，而且总是伴随着主体对客体的情感体验和意志努力。”②这种观点与儒家“诚心”文脉相一致、相统一。“自然者天地，主持者人，人者天地之心。不息之诚，生于一音容宛在复，其所赖于贤人君子者大矣。”③“诚”是专一、不欺人、不自欺，“诚”属于人的意志，这是人实现高远理想，孜孜不倦、

①《毛泽东选集》第二卷，人民出版社 1991 年版，第 660 页。

② 陈先达、杨耕编著：《马克思主义哲学原理》（第 3 版），中国人民大学出版社 2010 年版，第 73 页。

③ 王夫之：《船山全书》第一册，岳麓书社 2011 年版，第 885 页。

自强不息的根基；“诚”源于“人心”，“诚”是人的深度情感。“诚心”是远古人对至上神、祖先神的虔诚崇拜与信服的情感态度。经过周代“绝地天通”，诚心的情感对象逐渐从天神转向人，又经过儒家2000多年的不断延伸，诚心又从人际向个体本心的意识领域拓展，最后形成了“穷则独善其身（其心），达则兼济天下”的道德追求和道德理想。古代有志之士在人伦关系中践行诚信、诚意、诚敬，在道德本心里体悟诚朴、诚笃、诚乐。透过诚心不难发现，“道德修养的最高境界，是情感的丰富而不是情感的枯竭，是情感的充盈流动而不是情感的枯萎凝滞，是情感的敏锐而不是情感的麻木，是情感的自然天成而不是情感的人为矫情”[①]。

新时代新征程上的共产党人构建理想信念之诚心，就是要唤醒诚心之激情热情，焕发诚心之毅力定力，涵养道德本心，培育道德本体，强健道德本性，不忘初心、牢记使命，练就共产党人的钢筋铁骨，铸牢坚守信仰的铜墙铁壁，为共产主义事业矢志不渝、奋斗终身！

---

① 鲍鹏山：《孔子传》，中国青年出版社2013年版，第247页。

第四章

人民至上之恒心

不忘初心、牢记使命，说到底是为什么人、靠什么人的问题。以百姓心为心，与人民同呼吸、共命运、心连心，是党的初心，也是党的恒心。

——2019 年 12 月 26 至 27 日，习近平总书记在中共中央政治局“不忘初心、牢记使命”专题民主生活会上的讲话何为“恒”？《说文》:“恒，常也。从心从舟，在二之间上下”;《周易·序卦传》:“恒者，久也”;《周易·系辞下传》:“恒，德之固也”;《礼记·月令》:“恒，故也。必因循故法也”。将“民本”放在心上，念兹在兹，是儒家千年思想传统，证验恒心之“常”“故”“久”；将“为民”放在心上，涵之养之，是中国共产党的百年实践，证验恒心为“德之固”。修好共产党人的“心学”就是始终站稳人民立场，将人民至上恒蓄心间，从儒家“民本”与党的百年实践中汲取力量，构建人民至上之恒心。

一、“民为邦本”的私欲、仁心之争斗

自周朝始，中华民族形成了一条浩荡文脉——“民为邦本”，即“民本”。“民惟邦本，本固邦宁”，被周朝统治者立为治国根本，更被孔子确立为儒生修身传道的根本。自此，中华民族源远流长的政治史、经济史、阶级斗争史、思想文化史等皆须臾不离“民本”。然而从“为民之恒心”这一视角解读“民本”，将透视出一条持续千年、至今仍未停止争斗的一对关系——私欲与仁心之争，即以私欲为目的的“民本”与“仁心”作用下的“民本”之间的争斗。对于这对关系的正确认知，不仅有助于清晰把握同时代的实践效果，以及跨时代的掌控力、塑造力和影响力的价值意义，还有助于人民至上之恒心的构建。

（一）以“私欲为尊”行“民本”

周朝是最崇尚“民本”的王朝。周武王讨伐商纣王的理由就是，商朝“弗敬上天，降灾下民”[①]。因为商朝残害百姓的行为使上天震怒，于是天命周武王诛之。周朝夺得统治权后，对“民”高度关注，提出了“天惟时求民主”[②]，“天畏棐忱，民情大可见”[③]，“天矜于民，‘民之所欲，天必

① 屈万里：《尚书·泰誓上》，中西书局 2014 年版，第 319 页。
② 屈万里：《尚书·周书·多方》，中西书局 2014 年版，第 218 页。
③ 屈万里：《尚书·周书·康诰》，中西书局 2014 年版，第 150 页。

从之'" [1],"天视自我民视，天听自我民听" [2]。从这些治理理念可知，周朝统治者之所以高度重视"民"，其背后根源是"畏天"。以周武王、周公等为代表的统治集团推翻商朝的同时，自身也感受到了一股不可抗拒的天意力量——"靡不有初，鲜克有终""殷鉴不远，在夏后之世" [3]。意思是，没有永恒不变的王朝统治，上天赋予的权力，随时可以被上天收回。

曾经不可一世的统治者一旦被击败，统治集团将承受毁灭之灾。这是一股长久盘旋在周朝创业者内心的忧患恐惧！当他们发现，要想持久甚至永久获得上天的好感与护佑，保持王朝兴盛，就必须通过谋取民意、获取民心来实现时，这些统治者更加虔诚地信奉天命。为此，周武王巡行诸侯，祭祀苍天山川诸神时曾经虔心发愿："我求懿德，肆于时夏。允王保之！" [4]周武王立志修养"懿德"是为了使周王朝永久拥有统治天下的权力。而周朝另一位奠基者周公则将统治者修养的"懿德"进一步落实为政通人和、百姓安居乐业。历史规律在时间长河中逐渐显露、清晰。这种以忧患权力丢失而产生的护民之心，只能在周朝初代统治者身上发挥效力，随着以血缘传递权力，后代周朝君主心中的"以德配天养民"之忧患意识越来越薄弱，权力傍身的骄奢淫逸愈加强烈，祸国殃民势所必然！自此，私欲和民本的冲突斗争始终在封建王朝循环往复。

《左传》记述了从鲁隐公元年至鲁哀公二十七年间的历史。此时，周王朝统治日渐式微，诸侯国君主对待百姓的态度更可见私欲对"民本"的戕害。《左传·桓公六年》记载，随国国君要和楚国作战，大夫季梁反

---

① 屈万里：《尚书·泰誓上》，中西书局2014年版，第319页。

② 屈万里：《尚书·泰誓中》，中西书局2014年版，第320页。

③ 王秀梅译注：《诗经（下）·雅颂》，中华书局2015年版，第667、672页。

④ 王秀梅译注：《诗经（下）·雅颂》，中华书局2015年版，第751—752页。

对。季梁反对的原因是随国国力弱于楚国。国力弱的国家要想打败国力强的国家只有一种可能，那就是百姓齐心协力。对此，随侯反驳道，虽然自己对百姓不好，但对祭祀非常用心，“吾牲牷肥腯，粢盛丰备，何则不信”①。所以他自信上天可以保佑他打败楚国，结果可想而知。据《孟子》记载，邹国和鲁国交战时，邹穆公怒斥自己的百姓面对官吏受伤却不去救助。而孟子道出其中缘由，向邹穆公陈述了当年邹国遇到天灾，百姓饿死逃走上千人，邹国的官吏却任凭百姓饿死冻死。因此，“夫民今而后得反之也。君无尤焉”②。国君和官员怎样对待百姓，百姓就怎样回报国家。类似的历史场景层出不穷，皆体现了封建统治者面对权力的巨大贪恋与对待民生民怨的极度漠视。

董仲舒之所以提出“天地之生万物也以养人，故其可适者以养身体”③,“人始生有大命，是其体也”④等理念，是因为汉代豪强富绅“与民夺利”，而皇权不对富商巨贾进行限制，无限纵容其盘剥百姓利益。宋朝不仅允许土地自由买卖和自由兼并，还为维护土地私有权制定了“不立田制”的交易政策。如此一来，形成了豪强地主争相兼并土地的局面，出现了“贫富无定势，田宅无定主，有钱则买，无钱则卖”⑤，“贫民无立

① 郭丹译:《左传·桓公六年上》，中华书局 2014 年版，第 54—56 页。

②（宋）朱熹撰:《四书章句集注·孟子·梁惠王章句下》，中华书局 2011 年版，第 208 页。

③（汉）董仲舒撰，张世亮、钟肇鹏、周桂钿译注:《春秋繁露·服制像第十四》，中华书局 2012 年版，第 170 页。

④（汉）董仲舒撰，张世亮、钟肇鹏、周桂钿译注:《春秋繁露·重政第十三》，中华书局 2012 年版，第 169 页。

⑤（宋）袁采:《袁氏世范》卷下，天津古籍出版社 1995 年版，第 160、162 页。

锥之地，而富者田连阡陌”①。豪强地主自己不耕种土地，专门雇用贫民耕种，贫民还要承受官府繁重的徭役及偿付巨额高利贷，统治阶级被财富私欲蒙蔽心眼，完全将所谓“民为邦本”抛诸脑后。之后的历朝历代统治者们都是以掌握权力为中心，以控制天下为根本，至于民情、民意倒是可有可无、可多可少的事情。到了清朝末年，帝国主义列强用枪炮攻克了中国闭关锁国的大门，中国的广大劳动群众除了遭受更加沉重的封建地租，商业高利贷资本与买办资本对他们进行了新一轮的剥削，这导致“中国的广大人民，尤其是农民，日益贫困化以至大批地破产，他们过着饥寒交迫的和毫无政治权利的生活。中国人民的贫困和不自由的程度，是世界所少见的”②。

纵观中国历代王朝更替，不难发现，千年间纵然有几位恤民、爱民的皇帝，尚存几段多给百姓些许温饱的盛世，其执政的理念和本质是“君贵民轻”，“民本”只是维系统治的工具，“民本”始终被权欲所欺骗、蔑视、压制、践踏。与此同时，我们也要清醒认识到，还有一颗虽不旺盛却始终不肯熄灭的火种在代代传递。

（二）以“仁心为基”倡“民本”

何为“仁”？“仁者人也”③，“仁者爱人”④。这里的“人”，就是指人民，指百姓。孔子提出以“仁心”解“民本”，彰“民本”，行“民本”。与历代统治者不同，孔子及后继者始终有一颗以“仁心为基”倡导“民

①《李觏集》卷十六，中华书局 1981 年版，第 135 页。

②《毛泽东选集》第二卷，人民出版社 1991 年版，第 631 页。

③（宋）朱熹撰：《四书章句集注·中庸章句》，中华书局 2011 年版，第 30 页。

④（宋）朱熹撰：《四书章句集注·孟子·离娄章句下》，中华书局 2011 年版，第 278 页。

本”的火种。

春秋时期，子贡求学于孔子，向孔子请教治理国家的办法。孔子答：“足食，足兵，足信之矣。”子贡又问：“如有博施于民而能济众，何如？可谓仁乎？”孔子回答：“何事于仁，必也圣乎！尧、舜其犹病诸！”①孔子赞扬子产以惠养民，行的是仁政；孔子又称赞管仲“霸诸侯，一匡天下，民到于今受其赐”②。孔子提出，“君子之行也，度于礼；施取其厚，事举其中，敛从其薄”③，统治者必须减轻对百姓的赋税和徭役。同时，孔子强调“富与贵是人之所欲也”④，统治阶级渴求富贵，庶民百姓也渴望富足，故统治者要行“仁”，就要“因民之所利而利之”⑤，“节用而爱人，使民以时”⑥。由此可见，孔子倡导的“仁”之治国思想和执政理念，时时处处件件都对应在百姓民生上，都体现“民为邦本”的真实要义。

战国时期，作为孔子思想的传承者，孟子在对孔子“仁学”继承发展的基础上，提出“仁政”。所谓“仁政”，“是从他的性善说而来的，性即善，所以‘人皆有不忍人之心’，‘以不忍人之心，行不忍人之政’，就是仁政”⑦。仁政的开端，即君主对照“心之四端”，推己及人，故“禹思天下有溺者，由己溺之也；稷思天下有饥者，由己饥之也”⑧。古代圣王主动发挥恻隐之心，怜惜平民百姓，“老吾老，以及人之老，幼吾幼，以

---

①（宋）朱熹撰：《四书章句集注·论语·雍也第六》，中华书局2011年版，第88—89页。
②（宋）朱熹撰：《四书章句集注·论语·宪问第十四》，中华书局2011年版，第144页。
③ 郭丹译：《左传（下册）·哀公十一年》，中华书局2014年版，第1088页。
④（宋）朱熹撰：《四书章句集注·论语·里仁第四》，中华书局2011年版，第69页。
⑤（宋）朱熹撰：《四书章句集注·论语·尧曰第二十》，中华书局2011年版，第181页。
⑥（宋）朱熹撰：《四书章句集注·论语·学而第一》，中华书局2011年版，第51页。
⑦ 杨东莼：《中国学术史讲话》，东方出版社1996年版，第58页。
⑧（宋）朱熹撰：《四书章句集注·孟子·离娄章句下》，中华书局2011年版，第279页。

及人之幼。……故推恩足以保四海，不推恩无以保妻子。古之人所以大过人者无他焉，善推其所为而已矣”[①]。对照现实，孟子指出：“庖有肥肉，厩有肥马，民有饥色，野有饿莩，此率兽而食人也。兽相食，且人恶之。为民父母，行政不免于率兽而食人，恶在其为民父母也”[②]，“民之憔悴于虐政，未有甚于此时者也。饥者易为食，渴者易为饮”[③]。这些所作所为都体现了当时各国君主的不仁之“心”与不仁之“政”，悖逆“民本”。荀子主张，要使“民”与“国”俱富，须以“民富”为本，统治者重在制定使“民富”的政策，要在圣君、大臣、百姓合理分工的规范下，共同实现“民富”“国富”的目标。以“仁心为基”的“民本”思想虽振聋发聩、引人深思，但在现实中，这种思想的倡导者——孔子、孟子——周游列国则如“丧家犬”，而荀子也只能在稷下学宫“坐而论道”。

宋代社会经济发生了不同于以往朝代的重大变化。在社会经济迅速发展的同时，土地兼并日益严重，贫富分化日趋加剧，国家税源渐至枯竭，宋朝处于内外交困的境地。为了解决政治、经济、文化、社会、外交等诸多方面的问题和矛盾，两宋思想家们坚持、继承、发展孟子的人性论、养气说、井田论、民本思想。北宋思想家张载指出：“为政者在乎足民，使无所不足，不见可欲而盗必息矣。”[④]如果朝廷制定的政策满足了百姓的生产生活需求，那么不用朝廷过多干预，社会治安也会趋于稳定。张载主张重建礼乐风俗及实施井田制，通过养民和教民，实现其仁政的

①（宋）朱熹撰：《四书章句集注·孟子·梁惠王章句上》，中华书局2011年版，第195页。

②（宋）朱熹撰：《四书章句集注·孟子·梁惠王章句上》，中华书局2011年版，第191页。

③（宋）朱熹撰：《四书章句集注·孟子·公孙丑章句上》，中华书局2011年版，第212—213页。

④（宋）张载著，张锡琛点校：《张载集·正蒙·有司篇第十三》，中华书局1978年版，第47页。

政治理想。南宋的陈亮、叶适等向朝廷提出，“商藉农而立，农赖商而行”[①],“四民交致用而后治化兴”[②]。农业是国家经济和政治的支柱，土地又是农业之本，因此在郡县制的治理模式下，不仅要给百姓分田地，刺激农业生产力提高，还要处理好农业与商业的关系。

明末清初，以李贽、黄宗羲、王夫之、颜元为代表的思想家，大力倡导以行仁政来经世致用。但此时知识分子的学养、思想早与国计民生、社会实际脱节，再也无法提出像“井田制”“私田制”“宗法制”等与百姓民生直接相关的“物”的制度化设计，而只能在“心物关系”“义利关系”“理欲关系”等道德概念范畴里纵横论道。“仁心”“仁政”“仁策”的理念与现实社会、经济发展、物质状况的结合愈来愈弱，在惨烈的社会现实中，“仁之民本”被“欲之私利”碾压蹂躏。直到民国时期，面对社会格局的巨大变化，知识分子在传统理论与西方学说间迷惘无力、束手无策，而劳动人民则在生死危局中做困兽之斗，儒家“仁心民本”的文脉也随社会的动荡、国家的衰败几近枯竭。

总结儒家千年以“仁心为基”倡“民本”的历程，正如梁启超所言：“儒教之所最缺点者，在专为君说法，而不为民说法。其为君说法奈何若曰汝宜行仁政也，汝宜恤民隐也，汝宜顺民之好恶也，汝宜采民之舆论以施庶政也。是固然也。若有君于此，而不行仁政，不恤民隐，不顺民之所好恶，不采民之舆论，则当由何道以使之不得不如是乎？此儒教所未明答之问题也。……试观二千年来，孔教极盛于中国，而历代君主能服从孔子之明训，以行仁政而事民事者，几何人也？然则其道当若何曰不

①（宋）陈亮：《陈亮集》（增订本），中华书局1987年版，第140页。

②（宋）叶适：《习学记言序目》，中华书局1977年版，第273页。

可不钳制之以民权。”[①]儒家始终站在统治阶级的立场上号召、倡导、呼吁统治集团施行“民本”，这种上对下的单向外输，缺乏对基层百姓真实需求的了解，缺乏对民风、民情、民愿、民利的掌握，再加上统治阶级怠政、惰政等，使倡导了千年的“仁心民本”只能停留在纸张文墨里与良知文人的内心中，始终无法指导实践、变革社会。直至19世纪中叶，中华民族遭遇前所未有之大变故、大挫败，而这种运行逻辑始终未变。十月革命一声炮响，给中国送来了马克思主义。1921年中国共产党应运而生，“中国人民谋求民族独立、人民解放和国家富强、人民幸福的斗争就有了主心骨，中国人民就从精神上由被动转为主动”[②]。自此，中国共产党人将马克思主义注入“仁心民本”文脉，以“为民”这一新理念指导实践，民生迎来福祉，华夏焕发勃然生机。

二、群众路线的理念与实践创新

近代以来，康有为、梁启超、谭嗣同、孙中山等资产阶级思想家或革命家为富国强民不遗余力地开展理论设计与社会实践，从梁启超、谭嗣同等提出打破传统儒家“民本”理路，赋予百姓“民权”路径，到孙中山提出系统性的“民族、民权、民生”三民主义，多少有志之士皆对应时代要求，期冀通过落实“民本”、改善“民生”，从而凝聚“民心”、激活“民力”，在几十年不屈不挠的艰辛探索中充分展现了为国为民的卓越意志与坚韧恒心。从戊戌变法到辛亥革命，其现实结果是，虽然推翻

① 梁启超：《论中国学术思想变迁之大势》，上海古籍出版社2001年版，第69—70页。

②《习近平谈治国理政》第三卷，外文出版社2020年版，第10—11页。

了封建帝制，但革命成果被窃取，民生凋敝，民力衰竭，民怨沸腾，民心涣散，中国依然积贫积弱，华夏依然衰败孱弱。如何才能继承、发展中华民族“仁心民本”文脉，使其焕发生机活力？对于这个重大问题的回答，考验着有志之士的恒心之德与仁心之能，最终这个难题被掌握马克思主义先进思想的中国共产党成功破解。

（一）人民理念产生质的飞跃

马克思主义是人民的理论，是站在人民的立场探求人类自由解放的道路，是要达到人民成为自己的主人、社会的主人、人类社会发展的主人，是要实现一个没有压迫、没有剥削、人人平等、人人自由的理想社会。近代以后，争取民族独立、人民解放和实现国家富强、人民幸福就成为中国人民的历史任务。在这个历史大潮中，一个以马克思主义为指导的马克思主义政党——中国共产党应运而生。历史充分证明，共产党人始终坚信历史活动是群众的活动，始终把人民立场作为根本立场，把为人民谋幸福作为根本使命，坚持全心全意为人民服务的根本宗旨，始终保持同人民群众的血肉联系，团结带领人民共同创造历史伟业。

如何理解、把握共产党人心中的人民群众？准确把握人民群众的内涵，要运用辩证唯物主义观点，尤其是注重阶级性与实践性，即运用无产阶级的阶级分析方法，对照人民群众的内涵，正确领导各阶级和阶层的人民群众开展社会实践。新中国成立后，在深入总结新民主主义革命和社会主义革命规律的基础上，毛泽东鲜明指出：“在建设社会主义的时期，一切赞成、拥护和参加社会主义建设事业的阶级、阶层和社会集团，都属于人民的范围；一切反抗社会主义革命和敌视、破坏社会主义建设的社会势力和社会集团，都是人民的敌人。”[①]同时，人民群众的内涵还具体体现在与“两个联盟”的结合上。毛泽东强调：“我们有两个联盟、两种合作。一种是工人阶级和农民的联盟，就是劳动人民的联盟；一种是工人阶级和剥削者的联盟，跟资产阶级的联盟。头一个联盟为后一个联盟的基础，没有头一个联盟，我们就没有力量。必须有这个联盟，才有力量去联合那些可以合作的剥削者，他们才会同我们合作。”[②]毛泽东明确提出，中国共产党的首要任务是巩固壮大工人阶级和农民阶级的联盟，即巩固壮大劳动人民这个联盟，这股强大力量是无产阶级政权的根基，是社会主义国家的根基，是实现共产主义奋斗目标的根基，更是将2000多年儒家始终倡导的“民为邦本”理念真正落实的根基。

用人民群众取代自古以来的“黎民百姓”“众民”，不仅仅是称谓的改变，其重大意义在于，将封建皇权确立了2000多年的统治结构、治理逻辑彻底颠倒过来，即占人口绝大多数的人民群众成为国家主人，国家政权必须由人民群众掌握。人民群众既是社会的创造者，又是财富的享有者、权利的拥有者。新中国的建立，人民群众翻身做了国家的主人，这不再是古代与近代知识分子的美梦，而是通过无产阶级掌握国家政权使理念转变成实践结果。实践是客观的、物质的，人民群众的利益也必须以充分的物质为根基，人民群众的物质创造力必然使其成为国民经济的主体、政治制度的主体、文化创新的主体。只有这样，才能确保占人口绝大多数的人民群众享有实实在在的国家权利，而这些只能依靠无产阶级政党——中国共产党的卓越领导来实现。

---

①《毛泽东文集》第七卷，人民出版社1999年版，第205页。

② 中共中央统战部研究室编：《历次全国统战工作会议概况和文献》，档案出版社1988年版，第127页。

人民群众是历史的创造者、社会物质财富和精神财富的创造者及社会变革的决定性力量。中国共产党人历来尊重人民群众的主体地位，把人民群众创造历史的观点运用于革命、建设、改革的实践中，形成了党的群众观点。1945 年 4 月，中国共产党第七次全国代表大会首次明确群众路线是党的根本政治路线和组织路线。从党的性质和宗旨出发，毛泽东提出：“全心全意地为人民服务，一刻也不脱离群众；一切从人民的利益出发，而不是从个人或小集团的利益出发；向人民负责和向党的领导机关负责的一致性；这些就是我们的出发点。”[①] 在党的七大上作《关于修改党章的报告》时，刘少奇对群众路线的内涵作了详细阐释，他指出：“一切为了人民群众的观点，一切向人民群众负责的观点，相信群众自己解放自己的观点，向人民群众学习的观点，这一切，就是我们的群众观点……我们同志有了这些观点，有了坚固的明确的这些群众观点，才能有明确的工作中的群众路线，才能实行正确的领导。”[②]

“向人民群众学习”是中国共产党确保正确领导的主要观点和重要途径。2000 多年的儒家思想及近现代资产阶级思想家、革命家始终不能突破“单向度领导”模式，即“劳心者治人，劳力者治于人”。自周朝至民国，占人口绝大多数的黎民百姓只能被动接受极少数统治阶级的教引和支配，“学而优则仕”的知识分子的终身使命是充当统治阶级的“话事人”，以确保极少数统治者实现利益最大化，并以此为目标来组织民众、汇集民力、协调民生。这就是中国共产党成立以前“仁心民本”始终被“私欲民本”牢牢压制，民力始终凋敝，民心始终涣散的根本原因和基本

---

①《毛泽东选集》第三卷，人民出版社 1991 年版，第 1094—1095 页。

②《刘少奇选集》上卷，人民出版社 1981 年版，第 354 页。

逻辑。中国共产党所提出的“相信群众、依靠群众”，不是一句空话，就是要落实在“向群众学习”的实践上。毛泽东指出：“我们应该走到群众中间去，向群众学习，把他们的经验综合起来，成为更好的有条理的道理和办法，然后再告诉群众（宣传），并号召群众实行起来，解决群众的问题，使群众得到解放和幸福。”[①]针对几千年遗留下来只有知识分子教导劳动人民，从不提倡知识分子向劳动人民学习的旧传统，毛泽东以自身实践经验告诫全党，他的“先生”，不是躲在书斋里只读圣贤书的知识分子，而是农民、秀才、狱吏、商人、钱粮师爷及党的基层干部，这些“先生”不断教会他解决新问题的新办法。在向这些“先生”请教的过程中，毛泽东不仅充满了尊敬与热情，还带着信任与求知欲。因为毛泽东充分相信人民群众拥有最丰富的现实知识，相信他们有资格成为共产党员的教师，并把自己“和全党同志共同一起向群众学习，继续当一个小学生”的志愿作为终身目标。

共产党人只有主动到人民群众的生产生活中去学习，才能获得知识、经验、办法；只有具备足够的知识、经验、办法，才能正确地领导群众。共产党人执行群众路线，必须相信人民群众中蕴藏着最实际最丰富的知识，必须在实践中领悟“只有代表群众才能教育群众，只有做群众的学生才能做群众的先生”[②]。

（二）群众路线对“仁心民本”的创新实践

同儒家知识分子和资产阶级政党相比，中国共产党人最鲜明的标识

①《毛泽东选集》第三卷，人民出版社 1991 年版，第 933 页。

②《毛泽东选集》第三卷，人民出版社 1991 年版，第 864 页。

与特征是，从不站在人民群众之上，而是处于人民群众之中，与人民群众同甘共苦。毛泽东将党群关系形象地比喻为鱼与水、种子与土地。他指出，共产党是鱼，人民群众是水，水可以离开鱼，但是鱼决不能离开水；我们共产党好比种子，人民好比土地，我们到了一个地方，就要同那里的人民结合起来，在人民中间生根、开花。共产党员扎根群众的实践途径是，站稳人民立场，开展调查研究，密切联系群众。

共产党人站稳人民立场的起点是信任，是共产党人对人民群众拥有巨大创造力的信任。毛泽东在领导工人、农民、士兵对敌作战的岁月中深切体会到，只要人民群众的革命热情被点燃，就能战胜一切强大的敌人。在总结中央苏区四次反“围剿”的胜利经验时，毛泽东提出，国民党投入大量金钱与物资在苏区周围筑碉堡、建工事，他们以为这些就是消灭红军的铜墙铁壁。如果建筑在金钱基础上的物质力量是坚不可摧的，那么几千年来每一个封建王朝的“城墙”都不可能被摧毁，每一个掌握国家机器的封建王朝也不能被推翻，但事实是，所有物质力量都被革命力量摧垮了。对此，毛泽东意味深长地说：“同志们，真正的铜墙铁壁是什么？是群众，是千百万真心实意地拥护革命的群众。这是真正的铜墙铁壁，什么力量也打不破的，完全打不破的。”①既然共产党人坚信人民群众是历史的创造者，是变革社会的决定力量，那么如何能让人民群众拧成一股绳，同心奔赴一个奋斗目标，实现这个目标？就需要共产党人切实贯彻群众路线，扎实开展调查研究，准确了解民情民意，及时解决人民群众的所需所盼。

全心全意为人民服务是中国共产党的根本宗旨。毛泽东告诫全体党

① 《毛泽东选集》第一卷，人民出版社 1991 年版，第 139 页。

员，要想不脱离人民群众，必须时刻紧盯农民、工人等劳动群众的生产生活问题，从土地问题到劳动问题再到群众家里的柴米油盐问题，共产党人都要主动考虑在人民群众前面，要及时解决人民群众的所急所盼。不仅如此，共产党人还必须带领人民群众一起发展生产，改善自己的生活。只有这样，人民群众才能深刻体会到共产党与他们同呼吸共命运，共产党是真心实意为他们谋幸福的。同时，毛泽东提出了一条检验贯彻群众路线的标准，就是大多数人民群众评价“共产党真正好，什么事情都替我们想到了”[①]。如何获得人民群众的真心信任？答案就是真心为人民群众着想，满足人民群众的真实需求。如何准确掌握人民群众的真实需求？这就需要扎实开展调查研究。调查研究是共产党人学习群众与服务群众的最佳路径，是共产党人正确领导人民群众发展生产、增加财富的必由途径，其实践强调“物质路径”，立足根基则是“仁心精神”。党员干部只有深入群众的真实生活和现实劳动中，才能发现与群众切身利益密切相关的难题，才能对准群众的需求制定政策，才能通过政策解决群众的难题，满足群众的需求，获得群众的信任。调查研究考验的是共产党人的“公心”与“干事”，二者时刻相伴，不可割裂。在开展调查研究的过程中，共产党人不仅要运用好与群众打交道的方式方法，更须紧盯自己的“心”，时刻关注“心”的变化，时刻自我评判“心”是否公正，时刻自我审慎“心”是否被私欲占据，时刻自我评估“心”是否产生对权力的骄纵感、对人民群众的轻蔑感，时刻自查自身是否出现官僚主义、形式主义等不良作风的端倪。新中国成立后，共产党成为执政党，毛泽东时刻提醒党员干部，必须打掉官僚主义的官气、卸下官僚主义的架子，

---

①《毛泽东选集》第一卷，人民出版社 1991 年版，第 138 页。

必须把自己当作一名普通劳动者，必须尊重人民群众、平等对待人民群众。他指出：“必须使人感到人们互相间的关系确实是平等的，使人感到你的心是交给他的。”①

共产党人讲仁心、诚心、实心，更讲平等、尊重。如何做到尊重人民群众、平等对待人民群众？关键是共产党人是否能始终保持艰苦奋斗的作风，是否能密切联系群众。为了保持、巩固、提升党同人民群众的血肉联系，1956 年 11 月，毛泽东在党的八届二中全会上提出，艰苦奋斗是贯穿无产阶级革命始终的根本精神，“人是要有一点精神的，无产阶级的革命精神就是由这里头出来的”，“在必要的时候，在座的同志们要住棚子。在过草地的时候，没有棚子都可以住，现在有棚子为什么不可以住？”② 毛泽东进一步指出，正是因为艰苦朴素，因为干部、党员始终与群众在一起过艰苦生活，不搞特权、不搞特殊化，人民群众才拥护、爱戴中国共产党。1957 年，全党开展整风运动，毛泽东指出，在建设社会主义过程中，无论过去是剥削者还是劳动者，人人都要接受改造，共产党的干部、党员必须首先带头自我改造。全体干部党员通过开展批评与自我批评，努力克服主观主义、官僚主义、宗派主义等不良作风。1958 年，毛泽东将“共产党员能否与群众平等相处”确立为党性考验的重要内容之一。同年 2 月，中共中央下发《关于下放干部参加劳动锻炼的指示》。同年 5 月，毛泽东在党的八大二次会议上强调，领导干部必须以普通劳动者的姿态开展工作。通过参加生产劳动，通过强化领导干部与人民群众之间的平等关系，党员尤其是领导干部加深了与人民群众生产、

① 《毛泽东文集》第七卷，人民出版社 1999 年版，第 354—355 页。

② 《毛泽东文集》第七卷，人民出版社 1999 年版，第 162 页。

生活的联系，保持、巩固并进一步发扬了革命战争时期党同人民群众血肉联系的优良作风。

党的百年奋斗历程充分证明，中国共产党对儒家“仁心民本”进行了创新性实践，其实践的总体理念是保持党同人民群众的血肉联系，其实践的具体路径是贯彻群众路线，开展调查研究，做好群众工作。毛泽东、周恩来、朱德、刘少奇等老一辈革命家，一生都未脱离与人民群众的战斗、生产、生活实践，一生都在探索总结群众路线的规律，并在贯彻群众路线中改造主观世界，构建人民至上之恒心，提升“心学”境界。因此，中国共产党人开创了一条融通马克思主义与中华优秀传统文化的“人民观”实践道路，将为民的道德仁心与为民的实干能力有机统一，以道德仁心站稳无产阶级立场，以道德仁心端正创业方向，以道德仁心战胜物质困境，彻底纠正儒家“仁心民本”只空谈不务实，彻底将“私欲民本”作为终身劲敌，持久战之，恒久克之。

三、以人民至上之恒心提升德与能

回望党百年实践的漫漫征途，凝视民族复兴道路的崭新起点，对中国共产党执政规律、社会主义建设规律、人类社会发展规律进行深刻反思总结，可以得出一个重要结论，即“人民是我们党的生命之根、执政之基、力量之源”[①]。因此，以主动精神引领民族发展方向的共产党人必须坚持人民至上，必须牢记民心是最大的政治，“江山就是人民，人民就是

①《习近平谈治国理政》第四卷，外文出版社 2022 年版，第 63 页。

江山，打江山、守江山，守的是人民的心”[①]。以群众之心为心，与人民心连心，是共产党人的恒心，以恒持心，是深悟仁心民本、贯彻群众路线之“常”“故”“久”，强己身“实干之能”，育己心“无私之德”。

（一）强人民至上之实干能力

“空谈误国，实干兴邦。”中国共产党主张的实践、实干，是以为无产阶级谋利益，为人民群众谋幸福作为出发点和归宿点。守正创新是新时代治国理政的基本特征，也是共产党人干事创业的基本遵循。守正是始终坚持无产阶级立场、观点、方法，始终坚持党的利益与人民的利益相统一，坚持党的利益在第一位，坚持站在最大多数劳动人民的一面，坚持把屁股端端正正地坐在老百姓的一面。因此，共产党人要始终把人民立场作为根本政治立场，把人民利益摆在至高无上的地位，“想问题、作决策、办事情都要站在群众的立场上，通过各种途径了解群众的意见和要求、批评和建议，真抓实干解民忧、纾民怨、暖民心，让人民群众获得感、幸福感、安全感更加充实、更有保障、更可持续”[②]。创新是紧跟时代步伐，顺应经济社会发展规律，在事物不断发展变化中拓展认识的广度、深度，敢于说前人没有说过的新话，敢于干前人没有干过的事情，以新的理论、大无畏精神奋力开拓社会主义现代化事业新实践。

中国共产党的“心”属于人民，中国共产党开拓的伟大事业是为了人民、依靠人民，这是“心物”的统一。中国共产党人贯彻人民至上、民心政治，就要通过肉眼可见的物质创造来体现、来证明、来检验；中

①《习近平谈治国理政》第四卷，外文出版社 2022 年版，第 63 页。
②《习近平谈治国理政》第三卷，外文出版社 2020 年版，第 138 页。

国共产党人的爱民之心，就要通过实实在在的干事创业来呈现、来印证、来彰显。自习近平总书记2013年在湘西土家族苗族自治州十八洞村首次提出“精准扶贫”至2020年11月23日，全国832个国家级贫困县全部脱贫摘帽，近1亿农村贫困人口脱贫，历史性地解决了绝对贫困问题，实现了小康这个中华民族的千年梦想。精准扶贫是在和平发展时期打响的一场重大战役，这一战役的胜利充分证明了新时代共产党人高超的现代化治理水平和治理能力，也充分展示了共产党人对人民的拳拳真心。

革命战争年代，毛泽东准确概括了党的事业成功的两个关键：一是定政策；二是用干部。针对脱贫攻坚，以习近平同志为核心的党中央明确了“立足长远、统筹谋划、整体推进”的精准扶贫政策总方针，制定了“大农业、大农合、大农政”一体推进的基本政策，确立了“农业龙头企业、农业专业合作社、种养大户”有机合作的经营主体。“大农业是朝着多功能、开放式、综合性方向发展的立体农业。它区别于传统的、主要集中在耕地经营的、单一的、平面的小农业。”[①]“大农合”是大规模、综合性、多层次农村经济合作组织的统称。“大农政”是农业行政管理部门体制机制的总称。发展“大农业”，必须以强大经济实力与强大政治基础作保障，依托金融、信息、技术、供销于一体的经济合作组织，依靠多个行政管理部门的规划、协调、配合；根据贫困地区的资源禀赋特点，通过政策措施倾斜、财政资金扶持、项目规划优先等途径，促进龙头企业、专业合作社、种养大户深度合作，实现政府、企业、农户尤其是贫困农户共生共赢。此方针、政策与经营主体的确立，是着力促进农村第

① 中央农村工作领导小组办公室、福建省委农村工作领导小组办公室：《习近平总书记“三农”思想在福建的探索与实践》，《人民日报》2018年1月19日。

一、二、三产业的现代化融合，是摆脱贫困的治本之策，展示了党中央卓越的顶层设计水平，体现了党中央主动打破“贫困就是伸手要钱”“扶贫就是缺钱给钱”的守旧思维，将精准扶贫作为全面深化改革的重要环节，作为一场现代化农业改造提升的恢宏运动。这场前无古人的脱贫实践，锻造了一大批德才兼备、有作为肯吃苦的优秀党员干部，带动了一大批以主动精神摆脱贫困的人民群众。

精准扶贫选用干部的基本方针是“党的绝对领导”与“五湖四海”相统一。为保障党总揽全局、协调各方的领导核心作用落实到位，党中央坚决实行“党政一把手”负总责，严格落实“五级书记抓扶贫”。同时，充分发挥基层党组织在精准扶贫中的战斗堡垒作用，积极吸纳大学生村官、退伍军人、退休干部、返乡农民工等群体在基层党组织中发挥特长，担当骨干。在中央和地方各级党组织的大力支持和强力保障下，基层党员干部在为民干事创业中，政治责任、使命意识、担当作风与日俱增，积极性、主动性、进取心、创造力突飞猛进，党员干部为民服务之本领、热情、爱心吸引了越来越多的贫困群众振作起来、行动起来、奋进起来，打破了“给物不育人”的旧扶贫观念。“志智”双扶激发了人民群众干事创业的内生动力，发挥了贫困群众脱贫致富的主体作用，这是精准扶贫胜利的最大成果之一。在共产党人的示范带动下，人民群众通过创造“物”的极大丰富提振精神士气、提升坚毅品质，树立起自尊、自信、自强的人生观和奋斗观。

（二）育人民至上之无私之德

从党的十八大到党的二十大，习近平总书记时刻提醒全党要直面“四大考验”“四种风险”。改革开放、市场经济带来的金钱主义、消费主义浪潮，长期执政面临的权力诱惑与享乐刺激，使共产党人一旦脱离人民群众真实而艰辛的生产生活实践，便会精神懈怠萎靡、能力畏葸不前、虚荣腐败堕落，便会自动接续“以权欲养私欲、以权欲蚀民本、以私欲损民心”的千年封建腐朽思想。对一个长期执政的党而言，这就是对党百年实践巨大成就的虫蛀蚁蚀，是全党必须直面的最大忧患！

共产党人如何保持以生死相依、休戚与共的意志斗志带领人民群众踏上新的实践征途？对此，习近平总书记给出了答案，就是“以百姓心为心，与人民同呼吸、共命运、心连心”[①]，“民之所忧，我必念之；民之所盼，我必行之”[②]，“我将无我，不负人民”[③]。从“心连心”到“无我”，这是共产党人思想意识修养的渐进历程。张载写下的《西铭》篇，对儒家“民本、修心”相互融通的思想进行了高度概括。他指出：“乾称父，坤称母，予兹藐焉，乃混然中处。故天地之塞，吾其体；天地之帅，吾其性。民吾同胞，物吾与也。”[④]古代知识分子在以读书为主、实践为辅的生命历程中，参悟着无血缘关系的人与人之间同胞般的一体共存。对比之下，共产党人掌握着革命领导权，承领着亿万人民的信赖重托，拥有着改造客观世界、变革现实社会的实践机遇，这为领悟“心学”、净化精神世界、提升道德境界提供了前所未有的条件和机遇。矛盾无时不有，无处不在。当今中国已经成为世界第二大经济体，小康社会已经全面建

①《习近平谈治国理政》第三卷，外文出版社 2020 年版，第 138 页。

②《习近平谈治国理政》第四卷，外文出版社 2022 年版，第 65 页。

③《习近平谈治国理政》第三卷，外文出版社 2020 年版，第 144 页。

④（宋）张载著，张锡琛点校：《张载集·正蒙·乾称篇第十七》，中华书局 1978 年版，第 62 页。

成，饥寒交迫早已成为过眼云烟，共产党人在取得巨大成就的同时，权力的魔爪、私欲的魔咒、功业欲的捆绑、高人一等的自我优越感便开始悄然侵袭一些共产党人的“身心”。因此，新时代共产党人面临两种选择：一种是始终牢记“民为邦本”的仁心，继续坚持贯彻群众路线的恒心，继续葆有全心全意为人民服务的公仆心，继续斗志昂扬、开拓进取；另一种是在权力、金钱、享乐等诱惑面前抛弃人民、放逐自我、溃不成军、缴械投降。

新时代共产党人要想作出正确选择，必须正确认识“为了谁”“依靠谁”与“我是谁”这对关系。答案看似很简单，为了人民群众，依靠人民群众，我是共产党员。但实际上，这对关系背后隐藏着一个更深层次的问题，即“是人民群众需要共产党，还是共产党需要人民群众”？或者说“共产党是把人民群众作为权力‘支配’的提线木偶，还是把人民群众当作全心倚重的战友同袍”？中国共产党的百年奋斗史充分表明，不是人民群众绝对需要共产党人，而是共产党人绝对需要人民群众；而中华民族千年文明的历史规律早已揭示，把人民群众当成“提线木偶”的王朝和政权全部灰飞烟灭，将人民群众当作同袍战友、交托生死的无产阶级政权实现了欣欣向荣！对那些带领人民群众创造出辉煌业绩的共产党人，毛泽东曾经这样评价：“他们生根于人民之中，他们是人民的儿子，又是人民的教师，他们每时每刻地总是警戒着不要脱离群众，他们不论遇着何事，总是以群众的利益为考虑问题的出发点，因此他们就能获得广大人民群众的衷心拥护，这就是他们的事业必然获得胜利的根据。”①

在陕甘宁边区合作社事业发展中，延安县南区合作社是当时最成功、

---

①《毛泽东文集》第三卷，人民出版社 1996 年版，第 47 页。

最有影响的综合型合作社，是整个陕甘宁边区的模范社，被边区政府表彰为“群众化的合作社”。在合作社主任刘建章看来，“合作社如果不接近群众，不了解他们的生活和心理，不抱定为人民服务的宗旨，那股金是不会扩大的，业务是不会发达的”[①]。因此，“全区1700多户，7100多人，除了个别新来的移民外，他完全是熟悉的，这熟悉不仅是一般的‘点头之交’，他对农民家中每一户有多少财产，甚至对每个农民的性格，都是极为清楚的”[②]。在刘建章的带领下，经过全体社员和职员的共同努力，南区合作社从一个小的消费合作社发展成为综合性合作社，从单一专营消费业务发展到涵盖运输、生产、信用、教育、食品和医药等业务。与此同时，正是在“一心向公”“一心为民”的奋斗中，刘建章本人也在人民群众最琐碎、最平淡的日常生活里练就了干事创业的本领。

党的十八大以来，以习近平同志为主要代表的中国共产党人，坚持把马克思主义基本原理同中国具体实际相结合、同中华优秀传统文化相结合，总结并运用党的历史经验，从新的实际出发，以新的理论指导新的实践，以伟大的历史主动精神、巨大的政治勇气、强烈的责任担当，出台一系列重大方针政策，推出一系列重大举措，推进一系列重大工作，战胜一系列重大风险挑战，攻克了许多长期没有解决的难题，办成了许多事关长远的大事要事，推动党和国家事业取得举世瞩目的重大成就。

历史证明，共产党人在干事创业的实践中深刻领悟到了人民就是力量，人民就是志气、骨气、底气，在把“己心”恒久融入“人民之心”中，触摸民族未来发展的希望气象，感受国家充满力量的奋激脉搏。新

---

① 克谨、华奋：《模范的延安南区合作社》，《解放日报》1942年5月16日。

② 莫艾：《刘主任》，《解放日报》1943年2月13日。

时代的共产党人以“无我无私”之德，创造性继承“仁心民本”，创新性发展群众路线，立足最大化实现人民群众利益的社会实践，勇立刻苦之志，一生孜孜以求，一定能从与人民群众心连心的交感中登临与人民群众同心同德之至善境界。习近平总书记曾用一段生动话语道出了坚守人民至上之恒心的共产党员对自己、对人民、对国家的自励、自勉、自强不息，他说：“一个举重运动员，最开始只能举起 50 公斤的杠铃，经过训练，最后可以举起 250 公斤。我相信可以通过我的努力、通过全中国 13 亿多人民勠力同心来担起这副重担，把国家建设好。我有这份自信，中国人民有这份自信。”①

①《习近平谈治国理政》第三卷，外文出版社 2020 年版，第 144 页。

第五章

实事求是之实心

从当前干部队伍实际看，坚持实事求是最需要解决的是党性问题。干部是不是实事求是可以从很多方面来看，最根本的要看是不是讲真话、讲实话，是不是干实事、求实效。年轻干部要坚持以党性立身做事，把说老实话、办老实事、做老实人作为党性修养和锻炼的重要内容，敢于坚持真理，善于独立思考，坚持求真务实。

——2021 年 9 月 1 日，习近平总书记在 2021 年秋季学期中央党校（国家行政学院）中青年干部培训班开班式上的讲话

“实”最早见于西周金文，本义是充满、没有空隙，后引申为结出果实，还引申指财富。而对实心的理解，《韩非子·饰邪》有云：“竖谷阳之进酒也，非以端恶子反也。实心以忠爱之。”明代李贽则在《李卓吾先生遗言》中写道：“尔等欲守者，须是实心要守。”以“实”谓“心”，强调主体以真实而非虚假的态度建构与客体的关系，不断发现客体规律，变革客体，也变革主体自身。修好共产党人的“心学”就是要始终探求事物发展的客观规律，始终按照客观规律办事、做人、修心，持续构建实事求是之实心。

一、实事求是不仅是方法，还是党性

新时代新征程，为实现全面建设社会主义现代化国家，全面推进中华民族伟大复兴的奋斗目标，习近平总书记指出，只有深入研究规律，运用规律，才能始终掌握党和国家事业发展的主动权，才能增强创造新未来的勇气和力量。中国共产党通过贯彻实事求是思想路线来发现规律、运用规律，通过驾驭规律完成对客观世界和主观世界的改造。实事求是是党的根本思想路线，这一马克思主义中国化的方法论在中国社会实践中已走过 80 多年。在这个过程中，实事求是呈现出了深邃的系统性内涵，正如习近平总书记所言：“坚持从实际出发、实事求是，不只是思想方法问题，也是党性强不强问题。从当前干部队伍实际看，坚持实事求是最需要解决的是党性问题。”①

（一）实事求是就是最大的党性

“没有科学的态度，即没有马克思列宁主义的理论和实践统一的态度，就叫做没有党性，或叫做党性不完全”②，而实事求是就是最大的党性。无数事实告诉我们，要坚持实事求是思想路线，首先要作深入细致的调查研究，因为只有了解客观实际，掌握客观实际，才能更好地变革客观实际。1941 年 7 月，中共中央发出《关于增强党性的决定》，列举了

①《习近平谈治国理政》第四卷，外文出版社 2022 年版，第 527 页。
②《毛泽东选集》第三卷，人民出版社 1991 年版，第 800 页。

部分党员干部党性不纯的具体表现，主要是不实事求是地了解具体情况，不肯埋头苦干，不与群众真正密切联系。党性不纯或没有党性，是党内产生主观主义、宗派主义及党八股的根源，是缺乏马克思主义求真务实科学态度的体现，更是缺乏实事求是的表现。因此，党中央将贯彻实事求是思想路线与增强共产党人的党性紧密结合，将此作为整顿党的作风的思想武器，其具体实施途径就是开展调查研究，即“用马克思主义的基本观点，即阶级分析的方法，作几次周密的调查，乃是了解情况的最基本的方法”①。

延安时期，党中央提出以调查研究贯彻实事求是，检验党性，提升党性，各级领导干部在贯彻落实中，以求真务实的态度不断改进措施、完善政策，以实心实意的态度不断修身正心。“这种态度，有实事求是之意，无哗众取宠之心。这种态度，就是党性的表现，就是理论和实际统一的马克思列宁主义的作风。这是一个共产党员起码应该具备的态度。”②1947 年 11 月，陕甘宁边区开始贯彻落实新颁布的《中国土地法大纲》（以下简称《大纲》）。根据当地实际，边区本来只需集中力量做好土地的抽补调剂，但由于一些地区不搞调研，照抄照搬《大纲》具体条目，在土改中采取了“左”的做法，比如将一些通过辛勤劳动过上较富裕生活的农民作为地主批斗，把经过改造转化为农民的旧地主又拉来批斗等。面对这些“乱象”，主持西北局工作的习仲勋第一时间扎根几个重点地区开展调查。1948 年 1 月 5 日，习仲勋到子洲县检查土改工作，9 天时间里，他参加当地会议，找基层干部座谈，走访群众开调研会，真实了解到子

---

①《毛泽东选集》第三卷，人民出版社 1991 年版，第 789 页。

②《毛泽东选集》第三卷，人民出版社 1991 年版，第 801 页。

洲县土改运动暴露的一些极左问题。紧接着，习仲勋又带领绥德县延家川、义合两个区的干部一起总结经验，分析错误，明确下阶段的土改任务。通过调查土改的实际情况，认真听取基层干部的意见，习仲勋掌握到了老解放区土改的第一手材料。1948 年 1 月至 2 月期间，习仲勋给党中央发出了“老解放区的土地改革问题”“要注意克服土地改革中‘左’的情绪”“按三类地区有区别地进行土地改革”三封函电，详细介绍了陕甘宁边区土改中出现的“左”倾问题，以及造成的具体危害，并向中央指出《大纲》中的“地主、富农占据农村人口的百分之八左右”这个数据与老解放区的实际情况不符，如果以此为标准指导土改，就会犯“把富农划为地主，把富裕中农划为富农”的“左”的错误。通过翔实的调研数据，习仲勋得出结论：“老区就不要怕中农当道，真正的、基本的好群众在中农阶层及一部分贫农中。”[①] 针对习仲勋的函电，毛泽东第一时间作出批示，完全同意习仲勋提出的意见。毛泽东指示华北、华中等老解放区，要严格纠察土改中“左”的做法，坚决纠正“左”的错误。在调研中，习仲勋极为珍视发现先进典型，他总结的“黄家川村土改经验”以西北局名义上报中央后，受到了毛泽东的充分肯定，认为对老解放区具有普遍的指导意义。

实事求是思想路线，是我们党取得胜利的根本保证，是我们党的生命线。习近平总书记多次强调，党员干部尤其是年轻干部“要用好交换、比较、反复的方法，重视听取各方面意见包括少数人的意见、反对的意见，立体式地进行分析、三思而后行，防止自以为是、一得自矜”。“经过

①《习仲勋文集》上卷，中共党史出版社 2013 年版，第 70 页。

多次‘否定之否定’的过程，进行的思考、作出的决策才能符合实际。”① 习近平总书记提出精准扶贫战略，就是在深入调查研究的基础上制定并实施的。党的十八大以来，习近平总书记走遍了14个集中连片特困地区，年年去、常常去，直接到贫困户看真贫、扶真贫，直接听取贫苦地区干部群众的意见，认真分析产生贫困的真实原因，及时发现总结扶贫的错误做法和不足，不断完善扶贫思路和扶贫举措，不断稳步推进扶贫工作进程，带着感情去抓脱贫，带着践行宗旨的承诺去抓脱贫，最终打赢了脱贫攻坚战。无论是老一辈革命家开展土改的调查研究，还是习近平总书记开展脱贫的调查研究，都进一步证明了贯彻实事求是思想路线最根本的不是方法、路径，而是一往无前的魄力、不达目的誓不罢休的毅力、持久坚守矢志不渝的耐力，关键是求真务实、实心实意的态度。

新时代共产党人“既要‘身入’基层，更要‘心到’基层，听真话、察真情，真研究问题、研究真问题，不能搞作秀式调研、盆景式调研、蜻蜓点水式调研，‘无实事求是之意，有哗众取宠之心’是不行的！这就是严重的形式主义、官僚主义！”② 实事求是就是最大的党性，既要求党员干部做到一个“真”、一个“实”，做到严以修身、严以用权、严以律己，谋事要实、创业要实、做人要实，又要求党员干部坚持以党性立身做事，把说老实话、办老实事、做老实人作为党性修养和锻炼的重要内容。

（二）实事求是就要做到老实

由于具有求真务实的态度和精神，老实人的主体不是以“顺从”的

①《习近平谈治国理政》第四卷，外文出版社2022年版，第527页。

②《习近平谈治国理政》第四卷，外文出版社2022年版，第526—527页。

方式逐渐消融于客体之中，而是通过发挥主观能动性，正确认识、把握和改造客体。因此，老实人本质上是实事求是的人，老实的“实”即实事求是。正如毛泽东所言：“要讲老实，有多少讲多少。世界上的事情都是老老实实的。地球绕太阳也是老老实实，是依规矩走的。规矩亦名科学。”“这里讲‘规矩’、‘科学’、‘正派路线’，反对历朝来的不正派路线，一句话，就是老老实实。”①

延安整风期间，党中央通过贯彻实事求是思想路线，增强共产党人的党性，坚决防止领导干部尤其是高级干部身上出现个人主义、英雄主义、无组织的状态、独立主义与反集中的分散主义等违反党性的倾向。毛泽东曾对“缺乏党性、不实事求是”的原因作了深刻剖析，他指出，其根本原因是不老实。“什么人是不老实的人？……为个人利益为局部利益闹独立性的人也是不老实的人。”②他还用一副对联形象描绘了没有科学态度、不老实的人并向全党提出忠告：“墙上芦苇，头重脚轻根底浅；山间竹笋，嘴尖皮厚腹中空。”“马克思列宁主义是科学，科学是老老实实的学问，任何一点调皮都是不行的。我们还是老实一点吧！”③新中国成立后，刘少奇曾指出：“过去，有些老实人说了老实话，吃了亏，而不老实的人却占了便宜。党内的这种情况，使一些干部产生了一种印象：似乎老实人总是吃亏；似乎手长一点，隐瞒一点，说点假话，总是占便宜。这种印象是不正确的，不正常的。在共产党内，在人民群众中，不允许滋长这种风气。”④

---

① 王颖：《毛泽东倡导党员干部“做老实人”》，《党的文献》2016 年第 5 期。
②《毛泽东选集》第三卷，人民出版社 1991 年版，第 822 页。
③《毛泽东选集》第三卷，人民出版社 1991 年版，第 800 页。
④《刘少奇选集》下卷，人民出版社 1985 年版，第 439 页。

当前，党内出现的“两面人”就是极端不老实人。这些人修身不真修、信仰不真信，很会伪装，喜欢表演作秀，表里不一、欺上瞒下，说一套、做一套，台上一套、台下一套，当面一套、背后一套，他们奉行“顺我者昌，逆我者亡”的潜规则，搞“独立王国”，形成利益共同体，排挤打击老实人，大搞人身依附。他们缺乏真才实干的本领，最善于结交私利重、私心大的上级，最善于做人际关系文章、形式主义文章，工作上只作“邮递员”“传声筒”，把工作落实在召开会议上、撰写材料中、高喊口号里，以形式上的积极工作掩盖实质上的不作为、不担当。“两面人”严重误导人民群众对共产党人的正确评判，严重损害中国共产党的形象，严重破坏党的凝聚力、组织力，尤其给党员、干部树立了贪婪冒险虚伪狡诈的“人格榜样”。因此，习近平总书记指出：“坚决反对搞两面派、做两面人。”[①]

针对不老实行为，每位共产党人尤其是领导干部必须自我反省，自我反思，查找自身问题和不足，在理论联系实际的实践中增强党性锻炼。1942 年 1 月，张闻天主动到陕甘宁边区的多个县、乡、村进行了为期一年多的调查研究，以实际行动贯彻实事求是。缘由是，张闻天自己觉得“过去没有做实际工作，缺乏实际经验，现在要补课”[②],“好好的做调查研究工作，实际接触群众，也就等于整风了”[③]。一年多的农村调研，张闻天写出了《贺家川八个自然村的调查》《兴国十四个自然村的土地问题研究》《杨家沟地主调查》等调研报告，提出了“以后农村经济的发展，将是中农经济的继续发展。一部分贫农将上升为中农，中农将变为更加富裕的

①《习近平著作选读》第二卷，人民出版社 2023 年版，第 51 页。
②《张闻天选集》，人民出版社 1985 年版，第 313 页。
③《张闻天传》，当代中国出版社 1993 年版，第 488 页。

中农。这种大多数农民的向上发展，是新民主主义社会的特点”[①]等符合实际又卓有建树的理论观点。

同时，共产党人锻造坚定党性，做到老实，还要培养马克思主义实事求是作风，要力戒肤浅，要将自我批评的武器与加强学习的方法相结合，要将党性修养与理论学习、工作实践相结合。1943年8月至11月，周恩来参加高级干部的学习。在此期间，周恩来阅读了大量历史资料，写出了五万字的笔记，结合自己的工作方法与党性修养，重点对党的六大以来中央路线是非、领导决策特点进行了系统性分析与总结，将党的历史、马克思主义理论、实际工作、批评与自我批评有机结合。经过三个多月理论结合实际的深入反思总结，周恩来扎扎实实地开展了真诚真实真心的党性分析与党性锻造，树立了实事求是与党性修养有机统一的典范。

理论与实际相结合的作风、与人民群众紧密联系在一起的作风、批评和自我批评的作风，是中国共产党区别于其他政党的显著标志，是共产党人考量党性的对照标准，也是提升党性的根本途径。作风建设永远在路上。要实现自我净化、自我完善、自我革新、自我提高，共产党人就必须成为理论联系实际、密切联系群众、批评与自我批评优良作风的主动践行者，就必须清白做人、老实做事，就必须经常“咬耳、扯袖、红脸、出汗”。新时代共产党人要把说老实话、办老实事、做老实人作为党性修养和锻炼的重要内容，将老老实实作为坚持真理、独立思考、求真务实、理论联系实际的思想根基。

---

①《神府县兴县农村调查》，人民出版社1986年版，第60页。

二、坚持实事求是，立公心、破私欲

坚持实事求是，讲党性、强作风，从根本上说，必须敢于以大公无私弘扬正气。“为了坚持真理，为了实事求是，为了说老实话，应该有‘五不怕’，这就是不怕撤职、不怕开除党籍、不怕老婆离婚、（毛泽东：这是对男的说，对女的说是不怕老公离婚。）不怕坐牢、不怕杀头。准备了这‘五不怕’，什么话也敢讲，就敢于实事求是，敢于坚持真理。”[①]共产党人领导人民群众开展的社会实践，从来不是为实现私利的“头脑风暴”与“利益计算”，而是为实现公利的“知行合一”之身入、心入、情入，是为实现人类最高道义的共产主义理想而进行的“为有牺牲多壮志，敢教日月换新天”的意志战、毅力战！因此，支撑共产党人艰苦奋斗的生命能量，自然不是财富地位声望等当下利益、眼前利益，而是真理真谛与天地正气的浩然在胸！这股能量，只能源自以实事求是之实心进行实践锻造的大公无私之德。

（一）敢于直面不公方能掌握真理

“‘实事’就是客观存在着的一切事物，‘是’就是客观事物的内部联系，即规律性，‘求’就是我们去研究。”[②]这是毛泽东在《改造我们的学习》中为实事求是的内涵重新作的定义。在这个定义中，毛泽东着重强调了客观和规律，而没有突出强调主体的作用。但是在现实中，规律的发现、验证、运用乃至捍卫，无一不考验主体，主体无一不在承受

①《刘少奇选集》下卷，人民出版社 1985 年版，第 439 页。
②《毛泽东选集》第三卷，人民出版社 1991 年版，第 801 页。

“心”“欲”之争、“情”“志”之苦。

毛泽东认为，不公正待遇并非有害无益，关键是以怎样的态度对待它。既然不公正待遇难以避免，正确的态度应该是把它当作一种有益的锻炼，当作一种有益的教育。1960 年 12 月 25 日，毛泽东在自己 67 岁生日的前一天，把在北京的亲属和身边的工作人员叫到一起搞了一个聚餐会。他说：“人没有压力是不会进步的。我就受过压，得过三次大的处分，被开除过党籍，撤掉过军职，不让我指挥军队，不让我参加党的领导工作。”[①]“我就在一个房子里，两三年一个鬼也不上门。我也不找任何人，因为说我搞宗派主义。”[②]1965 年 8 月，毛泽东在接见外国共产党代表时，又谈起 1930—1934 年间因为自己坚持“没有调查就没有发言权”、坚持不能照抄照搬、应独立解决中国问题等观点在党内遭到孤立和迫害。毛泽东说：“他们迷信国际路线，迷信打大城市，迷信外国的政治、军事、组织、文化的那一套政策。我们反对那一套过‘左’的政策。我们有一些马克思主义，可是我们被孤立。我这个菩萨，过去还灵，后头就不灵了。他们把我这个木菩萨浸到粪坑里，再拿出来，搞得臭得很。那时候，不但一个人也不上门，连一个鬼也不上门。我的任务是吃饭、睡觉和拉屎。还好，我的脑袋没有被砍掉。”[③]当时的中共临时中央在推行“左”倾教条主义路线的过程中，对持不同意见的党员干部进行残酷斗争无情打击，坚持实事求是的毛泽东自然不能幸免。

面对不公正待遇，1933—1934 年，毛泽东写下了《菩萨蛮·大柏地》

---

① 《毛泽东年谱（一九四九—一九七六）》第四卷，中央文献出版社 2013 年版，第 504 页。

② 转引自北京日报《纪事》采写组编著：《初心与抉择——转折关头的中国共产党人》，人民出版社 2018 年版，第 122—123 页。

③ 中共中央文献研究室编：《毛泽东传》（一），中央文献出版社 2011 年版，第 325—326 页。

与《清平乐·会昌》。但这两首诗词中流露出的情感，不是痛苦失望，而是敢于挑战困境的蓬勃希望与旺盛斗志——“战士指看南粤，更加郁郁葱葱”“装点此江山，今朝更好看”！据李维汉回忆，毛泽东在中央苏区遭受排挤与打击时，始终坚持两点：第一，即使无人支持，毛泽东也敢于发表自己的意见，同时对于按照多数人意见形成的组织决定，毛泽东坚决服从；第二，在饱受党内同志孤立、失去一切发言权的情况下，毛泽东始终不消极，在党组织许可的范围内坚持工作。毛泽东在个人承受不公平对待的情况下，始终坚持真理，始终维护党的统一领导。①

把不公正待遇当作一种锻炼和教育，既是毛泽东亲身经历的总结，同时又是他对中华优秀传统文化的继承和发扬。自强不息，是中国传统文化的基本精神之一。孟子十分强调正确对待人生的种种磨难，认为正是磨难造就了杰出人才。正所谓“故天将降大任于是人也，必先苦其心志，劳其筋骨，饿其体肤，空乏其身，行拂乱其所为，所以动心忍性，曾益其所不能”。中华优秀传统文化中的自强不息精神，对毛泽东产生了深远的影响。他在论述不公正待遇对当事者是一种有益的锻炼和教育时，一方面经常以自己的经历作为例子加以说明，另一方面也以中国历史上的事例来进行论证。1962 年 3 月，毛泽东整理自己在七千人大会上的讲话，多处都作了修改和补充：“其中有一段话，意思是说，要让群众讲话，哪怕是骂自己的话。骂的结果，无非是自己倒台，降到下级机关去工作。这种下降和调动，不论正确与否，都是有益的，可以锻炼革命意志，可以调查和研究新鲜情况，增加有益的知识。我自己就有这方面的经验，得到很大的益处。……忽然想起司马迁《报任安书》中的一段话，

① 参见李维汉：《回忆与研究》（上），中共党史资料出版社 1986 年版，第 338 页。

随手引来：‘文王拘而演周易，仲尼厄而作春秋。屈原放逐，乃赋离骚。左丘失明，厥有国语。孙子膑脚，兵法修列。不韦迁蜀，世传吕览。韩非囚秦，说难孤愤。诗三百篇，大抵贤圣发愤之所为作也。’”①

共产主义理想是共产党人的最高理想，立志实现此目标的共产党人，必定敢吃常人不敢吃的苦，敢忍普通人无法忍耐的艰难，必须拓展胸怀，锻造公心，经受住党内斗争的严峻洗礼。毛泽东在女儿李讷大学毕业时送给她四句话：“1. 天将降大任于是人也，必先苦其心志，劳其筋骨，饿其体肤，空乏其身，行拂乱其所为，所以动心忍性，曾益其所不能。2. 彻底的唯物主义者是无所畏惧的。3. 道路是曲折的，前途是光明的。4. 在命运的迎头痛击下头破血流但仍不回头。”②这些话，无疑是毛泽东对自己经历的反思，以及对自己现实心态的折射，更是共产党人面对不公对待时的态度。共产党人在个人遭受不公正对待时，只有敢于斗争，才能进一步认识规律与现实的相互关系，才能真正发掘真理之新路径，这是共产党人独有的能力——以“心志之德”促改造客观世界之“能”！

（二）破除小我，激发“心力”

老一辈无产阶级革命家敢于直面孤境、困境、难境，以“自信人生二百年，会当水击三千里”之豪迈气势，在改造客观世界的实践中，将原本爱慕虚荣、恐惧挫折的“小我”“私我”浇铸淬炼成捍卫真理、勇战困途的“大我”“公我”！这种大公无私道德境界的锻造，不是凭借唯心主义修养方法，而是源自马克思主义实践观与中华优秀传统文化的修养

---

① 中共中央文献研究室编：《毛泽东传》（五），中央文献出版社 2011 年版，第 2175 页。
② 陈晋：《毛泽东眼里的“毛泽东”》，《湘潮》（上半月）2016 年第 6 期。

理论，是将两者有机融合的结果，是马克思主义中国化的理论创新与实践创新的结果。

马克思主义实践观认为，实践本质上是一种对象性活动，其不仅是主体与客体、主观与客观分化与统一的基础，也是认识的基础，还是检验真理的标准。老一辈无产阶级革命家绝大多数都是知识分子出身，其少年和青年时期深受古代儒家文化教育和熏陶。在没有确立马克思主义信仰以前，基本是从儒家文化中寻求救国图强的传统道路，或者是在思想文化领域寻求解决中国问题的方针、方法。虽然现在看来，那些脱离于实践的方针、方法无法解决现实问题，但不可否认的是，儒家文化产生的力量真实而深刻地锻造了革命者的意志、斗志、信念、信心。这些精神能量一旦与马克思主义科学理论相遇，一旦确立了革命目标与依靠对象，一旦与实践相结合，便焕发出巨大的创新力量！因此，对共产党人大公无私道德境界之文化基点的探究，将使新时代共产党人进一步深刻体悟提升心力与坚持实事求是不可分割的统一关系。

毛泽东一生都强调改造客观世界与改造主观世界相结合，由他阐释的改造客观世界的实事求是从未脱离过主观世界的改造，或者说，一旦脱离了主观世界的改造，缺少“为了谁”的价值导向，实事求是必将脱离无产阶级实践，按照规律办事必将沦为少数人谋利益的工具。正因如此，共产党人才须深入人的思想意识深处，总结意识领域的自我改造规律。湖南一师的求学历程对毛泽东来说具有重要意义，毛泽东正是在这里打牢了“心学”功底。在此学习期间，毛泽东围绕“心学”进行了理论联系实际的实践，进而锻造超强意志，塑造自我人格，锤炼行事作风。毛泽东曾经写过《心之力》一文，文中将“心”作为“大本大源”，“以大本大源为号召，天下之心其有不动者乎？天下之心皆动，天下之事有不能为者乎？天下之事可为，国家有不富强幸福者乎？”[①]这里的“心”，就是指从人身上放射出来的精神力量，这种力量具有感召力，当这股“心力”足够强大时，就会影响周围的人，就会使周围的事物发生改变。在这段“大本大源”的话中虽未出现主语，但实际上主语就是毛泽东本人，他立志通过现实行动增强自己的“心力”。

1915 年 8 月，毛泽东写了一篇题为《自讼》的日记剖析自己，他写道：“在作风上，有张扬淫嚣之气，没有沉静淡泊之心，外强中干，并沾沾自喜。”[②]后来，他又写道：“我是极高之人，又是极卑之人。”[③]毛泽东严格甚至是严苛地审视自己性格上的弱点，是为了使自己始终保持旺盛的毅力和耐力，是为了使自己在每一天、每一件事情里，有意识地针对缺点和不足自我捶打、自我淬炼。1917 年，毛泽东在日记里写下了“与天奋斗，其乐无穷；与地奋斗，其乐无穷；与人奋斗，其乐无穷”[④]。同年4月，毛泽东在《新青年》上发表了他人生的第一篇文章《体育之研究》，文章提出，通过体育锻炼，强筋骨、增知识、调感情、强意志，尤其强调在锻造体魄的过程中，意志能量被激活，精神能量被蓄积，如此，事业方可成就，国家方能振兴，而“意志也者，固人生事业之先驱也”，“欲文明其精神，先自野蛮其体魄”。[⑤]毛泽东作此文绝非单纯展示“知”，而是对“行”的深刻投射。

毛泽东始终强调一个人要有坚强的意志、决绝的斗志，还强调意志、

① 中共中央文献研究室、中共湖南省委《毛泽东早期文稿》编辑组编：《毛泽东早期文稿》，湖南人民出版社 2008 年版，第 73 页。

② 中共中央文献研究室编：《毛泽东传》（一），中央文献出版社 2011 年版，第 33 页。

③ 中共中央文献研究室编：《毛泽东传》（一），中央文献出版社 2011 年版，第 34 页。

④ 中共中央文献研究室编：《毛泽东传》（一），中央文献出版社 2011 年版，第 35—36 页。

⑤ 中共中央文献研究室编：《毛泽东传》（一），中央文献出版社 2011 年版，第 35 页。

情志、心志才是人生最值得珍视的。毛泽东在《讲堂录》的笔记中写道："不为浮誉所惑，则所以养其力者厚；不与流俗相竞，则所以制其气者重。"[①]以社会地位之高低，占据财富之多寡作为人有成就的衡量标准，是浅薄而短视的；如果人主动抗拒眼前利益至上的价值取向，人的心灵和头脑就会不断突破狭隘和短视，对事物的本质及发展规律拥有全新的认识。毛泽东曾就自利观发表过一篇反常规的见解，他提出："古今之孝子、烈妇、忠臣、侠友、殉情者、爱国者、爱世界者、爱主义者，皆所以利自己之精神也。""宁可使自己死，不可使亲爱之人死。如此，吾情始浃，吾意始畅。"[②]同时，针对精神自我，毛泽东也曾发表过一番论述："吾从前固主无我论，以为只有宇宙而无我。今始知其不然。盖我即宇宙也。""予谓人类只有精神之生活，无肉体之生活。""凡吾思想之所及，吾皆有实行之义务。"[③]人每天都要维系肉体存活，使肉体健康运转，其根本目标则是使肉体更好地承载、放射精神动能！只要精神能量熊熊燃烧，大千世界与现实环境终将旋乾转坤、改天换地！不仅如此，毛泽东还曾真实地记录了自己的迷惘："自揣固未尝立志，对于宇宙，对于人生，对于国家，对于教育，作何主张，均茫然未定。"[④]正是在"心力"持之以恒的磨炼中，毛泽东最终凭借马克思主义科学理论，凭借血与火的革命实践，悟出了"人民，只有人民，才是创造世界历史的动力"[⑤]，走上了一条扎根实际、扎根群众、艰苦朴素、吃苦耐劳，永远与人民群众血肉相连，

① 中共中央文献研究室编：《毛泽东传》(一)，中央文献出版社2011年版，第36—37页。
② 中共中央文献研究室编：《毛泽东传》(一)，中央文献出版社2011年版，第34页。
③ 中共中央文献研究室编：《毛泽东传》(一)，中央文献出版社2011年版，第34页。
④ 中共中央文献研究室编：《毛泽东传》(一)，中央文献出版社2011年版，第35页。
⑤《毛泽东选集》第三卷，人民出版社1991年版，第1031页。

永远做群众土壤中的那颗种子的道路。在无产阶级实践中，毛泽东将自己的实心涵养成了“俏也不争春，只把春来报，待到山花烂漫时，她在丛中笑！”

三、以“两个结合”，养实心、育实能

立足党的百年奋斗史，面对新时代新征程，中国共产党人深刻认识到，只有把马克思主义基本原理同中国具体实际相结合、同中华优秀传统文化相结合，坚持辩证唯物主义和历史唯物主义，才能正确回答时代和实践提出的重大问题。“两个结合”是贯彻实事求是思想路线，对党百年来理论实践、道路实践、制度实践、文化实践高度的规律性总结。立足“两个结合”，可以正确回应时代提出的问题、难题，尤其是在全面从严治党方面。新时代全面从严治党，最难啃的硬骨头几乎都在思想意识领域，比如“对党忠诚”“不想腐”“坚决不做两面人”“说老实话、办老实事、做老实人”等。其核心问题都出在共产党人的自我关系里，具体表现在以下几个问题中：共产党人能否以实心谋事、创业、用权、修身？共产党人的意识世界是否坚固、结实，能否平衡、稳定，能否经受住外在诱惑的冲击？解决这些问题的根本途径是，对准新时代共产党人思想意识领域的缺点和不足，汲取党百年实践的成功经验，借助中华优秀传统文化的养分，灌溉之、涵育之。

（一）共产党人修身从未脱离诚意与正心

人类的活动是有意识、有目的的，正是人类有意识、有目的的实践活动创造了人类社会的历史，使得人类社会的发展具有了连续性。毛泽东

在《新民主主义论》中指出："中国现时的新政治新经济是从古代的旧政治旧经济发展而来的，中国现时的新文化也是从古代的旧文化发展而来，因此，我们必须尊重自己的历史，决不能割断历史。"[①]面对中华优秀传统文化，共产党人应剔除其糟粕，吸收其精华，尤其是对儒家修身观，要创造性继承、创新性发展，以便提高自身的自尊心、自信心、自强心、自立心。

纵观老一辈革命家的一生，他们始终注重吸收借鉴中华优秀传统文化，其"知""行"从未脱离儒家修身思想的诚意与正心。1937 年 1 月，毛泽东在《为徐特立六十岁生日写的贺信》中饱含深情地写道："当革命失败的时候……你却在一九二七年秋天加入共产党，而且取的态度是十分积极的。""什么'老'，什么'身体精神不行'，什么'困难障碍'，在你面前都降服了。""你是懂得很多而时刻以为不足……你是心里想的就是口里说的与手里做的……你是革命第一，工作第一，他人第一……你总是拣难事做，从来也不躲避责任。"[②]作为中华优秀传统文化的继承者、弘扬者，徐特立等老一辈革命家高尚的道德品格是在一丝不苟、不折不扣地对照"格物、致知、诚意、正心、修身、齐家、治国、平天下"的要则中，进行自我修养和自我提升的。因此，新时代共产党人必须对照儒家经典学说继承发扬党的光荣传统和优良作风，深入分析老一辈马克思主义者一生所践行的"知行统一"，透彻体悟"两个结合"的伟大力量。

《大学》提出的八条修养要则，其核心是诚意与正心，二者又是以"诚""实"作为统领，力求达到《中庸》倡导的"慎独"的修养境界。

---

①《毛泽东选集》第二卷，人民出版社 1991 年版，第 708 页。

②《毛泽东文集》第一卷，人民出版社 1993 年版，第 477—478 页。

而追求“慎独”境界的过程，就是“心力”付出的过程。儒家杰出的思想家们不仅笃信至诚至实的“心力”，还穷其一生的时间与精力锻炼“心力”！诚意与正心的起点是诚实。孟子、荀子、张载、王阳明、王夫之等的核心学说都围绕“情欲”和“心志”的较量、斗争、博弈展开，其“心力”耗费之持久、艰难、巨大可想而知，这足见其“诚实”的品质。如果仅为了彰显自己不同于俗人的高尚性，这些儒家思想家完全可以主动遮蔽自己身上存在的私欲、自利、虚荣、诡诈，完全可以“外假仁义之名，而内以行其自私自利之实，诡辞以阿俗，矫行以干誉”[①]，完全可以“耳目之官不思，而蔽于物，物交物，则引之而已矣”[②]，完全可以按照“今人之性，饥而欲饱，寒而欲暖，劳而欲休”[③]，根本不必将感官之贪婪描摹得明察秋毫、精细入微。然而，孟子、荀子、王阳明等儒家杰出的思想家都将自身心理变化坦诚告知世人，都对自身存在的容易被外在诱惑迷乱心志的情欲、私心作了细致的描述。与此对照，老一辈革命家不仅积极吸收外来的马克思主义，还不忘中华优秀传统文化，始终做到尊重客观实际，诚实守信。倔强刚强的性格在铸就毛泽东“富有自信力不可屈辱”的气魄的同时，也使他在待人接物方面的缺点开始显露。他曾自我剖析：“有张扬淫嚣之气，没有沉静淡泊之心，外强中干，并沾沾自喜。”周恩来一生对人对事一丝不苟，尤其是对己要求极为严苛，他在《我的修养要则》中指出，要与自己的、他人的一切不正确的思想意识作原则上坚决的斗争。适当地发扬自己的长处，具体地纠正自己的短处。

① (明)王阳明撰：《王阳明全集·传习录中·答聂文蔚》，线装书局2012年版，第157页。
② (宋)朱熹撰：《四书章句集注·孟子·告子章句上》，中华书局2011年版，第313—314页。
③ 熊公哲注译：《荀子·性恶篇第二十三》，重庆出版社2008年版，第509页。

谢觉哉一生勤奋好学，谦虚谨慎，从不多谈自己，却于花甲之年对自己作出了一份特殊的检讨——《六十自讼》，严格地解剖自己，他说："惭愧的是，革命要求自己贡献一切，要求自己尽一切可能，而贡献的却太渺小，没有出色的建树。所以，有这'行年五十当知四十九年之非'之鉴，而自己却'行年六十，也应该设法弥补五十九年以前的缺点，能够对党有较多的贡献'。"[①]

儒家思想家克制私欲的办法是以道德本体的"心力"克制导引感官欲望的私欲。对此，孟子提出："先立乎其大者，则其小者弗能夺也。此为大人而已矣。"[②]荀子则主张："心者，形之君也，而神明之主也。出令而无所受令。自禁也，自使也，自夺也，自取也，自行也，自止也。"[③]王阳明也倡导："吾心之良知，即所谓天理也"[④]，"盖日用之间，见闻酬酢，虽千头万绪，莫非良知之发用流行"[⑤]。古代思想家都立志以良知"大我"克制私欲"小我"，这已成为众所周知的逻辑。但认知逻辑必须经过实践的检验和历史的淘洗。现实的答案是，在诚意与正心的千年传承中，曾经饱读圣贤书的知识分子们一旦功名傍身，便会陷入"一入豪门深似海，几人尚存心与诚"的困境。权利地位、功名利禄带来的春风得意、趾高气扬早已使绝大多数人将曾经立定的锻造良知之"志"置诸脑后、忘乎

---

① 《谢觉哉传》编写组编：《谢觉哉传》，人民出版社1984年版，第165页。

② （宋）朱熹撰：《四书章句集注·孟子·告子章句上》，中华书局2011年版，第313—314页。

③ 熊公哲注译：《荀子·解蔽篇第二十一》，重庆出版社2008年版，第460页。

④ （明）王阳明撰：《王阳明全集·传习录中·答顾东桥书》，线装书局2012年版，第123页。

⑤ （明）王阳明撰：《王阳明全集·传习录中·答欧阳崇一》，线装书局2012年版，第148页。

所以。中国共产党人正是充分认识到古代“修身克欲”思想在实践上存在的重大缺陷，才确立了人民群众是历史的创造者的马克思主义根本立场，建立了与人民群众的血肉联系，开展了改造客观世界的社会实践，开辟出一条培养诚意与正心的新途径。

（二）共产党人在与人民群众共同奋斗的社会实践中培养诚意与正心

一个人成为真正的马克思主义者的标志是什么？这对每一位共产党人来说都是至关重要的问题，它关乎每一位共产党人政治生命的真正起点，关乎每一位共产党人信仰之路的基座，关乎每一位共产党人坚守信仰的支撑力量。同时，对于这个问题的回答，也使共产党人清楚自己与普通人的区别，清楚自己的人生选择、人生目标和人生意义，清楚自身坚守、淬炼信仰的方式与路径。

结合自身经历，毛泽东对这个问题作出了解答。首先，我们对毛泽东走上马克思主义道路的历程作一个简要回顾。五四运动前后，毛泽东开始了解马克思主义。1920 年，毛泽东第二次去北京期间读了许多关于俄国的书，其中，《共产党宣言》《阶级斗争》《社会主义史》等书籍对毛泽东建立马克思主义信仰起到了关键作用。毛泽东回忆：“到了一九二〇年夏天，我已经在理论上和在某种程度的行动上，成为一个马克思主义者，而且从此我也自认为是一个马克思主义者了。”[①]透过“自认为是一个马克思主义者了”的表述能够发现，毛泽东对自己当初的定位是不完全认可的。1920 年 11 月，他在湖南创建共产主义组织。1921 年 7 月，毛泽东出

---

①《毛泽东自述》，人民出版社 1993 年版，第 39 页。

席在上海召开的中国共产党第一次全国代表大会，后任中共湘区委员会书记，领导长沙、安源等地的工人运动。1923 年 6 月，毛泽东在党的三大上提出“农民运动”这个新问题，认为“任何革命，农民问题都是最重要的”，从此他便走向农民运动。1927—1949 年，毛泽东脱下长衫，上了井冈山，一头扎进农村带领工农闹革命，始终与人民群众同吃、同住、同劳动，一起抗击日寇，一起打倒蒋介石反动政权，最终取得了新民主主义革命的伟大胜利。新中国成立后，以毛泽东同志为主要代表的中国共产党人领导全国各族人民自力更生、发愤图强，取得了社会主义革命和建设的伟大成就，实现了中华民族有史以来最为广泛而深刻的社会变革。从这段经历不难看出，毛泽东真正成为马克思主义者的转折点，不是只读了几本马克思主义著作，而是自觉自愿地与人民群众紧密联系，是积极主动参加社会实践。同时，从毛泽东自己的一段话中，也能找到答案。

1945 年，在延安文艺座谈会上，针对一些从大城市来延安的知识分子仍以“大都市文化圈”为坐标，嫌弃不识字的工农兵群众，认为自己无法施展才华和抱负的状况，毛泽东讲述了自己的经历。他说，自己当年是学生出身，在学校时间久了，就养成了一些不好的习气，比如不愿意参加劳动，瞧不起劳动人民。学生时期，毛泽东认为世界上最干净的人是知识分子，工人、农民手上有泥巴，脚上沾了牛粪，身体不整洁，为此，毛泽东也“嫌弃”工农。他还举了一个例子，自己当学生时，很愿意和同学换衣服穿，但绝对不愿意和工人、农民换衣服穿，因为他接受不了他们不讲卫生。直到“革命了，同工人农民和革命军的战士在一起了，我逐渐熟悉他们，他们也逐渐熟悉了我。这时，只是在这时，我才根本地改变了资产阶级学校所教给我的那种资产阶级的和小资产阶级的感情。这时，拿未曾改造的知识分子和工人农民比较，就觉得知识分子不干净了，最干净的还是工人农民，尽管他们手是黑的，脚上有牛屎，还是比资产阶级和小资产阶级知识分子都干净。这就叫做感情起了变化，由一个阶级变到另一个阶级”[①]。

这段令人铭记不忘的话，给出了一个人成为真正的马克思主义者的标志之一，就是从情感上持久地体验到与人民群众是平等的、亲密的。具有这种情感状态，需要长期不脱离人民群众的生产和生活，需要长期扎根于人民群众的生产和生活，并在与人民群众共同奋斗的社会实践中紧盯思想意识，提升诚意与正心的精神修养。这就是为什么新中国成立后党中央出台政策要求各级领导干部必须深入工农生产一线亲身参加劳动，这就是为什么毛泽东三令五申强调各级领导干部始终不能脱离体力劳动，要求“县、区、乡三级党政主要干部，凡能劳动的，每年抽一部分时间下田参加生产，从事一小部分体力劳动。县以上各级党政军主要干部（不是一般干部），凡能劳动的，也要这样做，每年以一部分时间，分别下田、下工厂、下矿山、下工地或者到其他场所，和工人农民一道从事可能胜任的一小部分体力劳动（哪怕是很少一点）”[②]。毛泽东表扬那些身居要职却以普通劳动者身份参加生产劳动的干部，称赞他们拥有“一种高级趣味，是高尚的共产主义精神”[③]。

当马克思主义者立志将崇高的无产阶级事业作为终身使命，心甘情愿牺牲个人的一切私利而为无产阶级劳动者谋求最高利益时，他们便不再回避现实世界的苦难，而是主动伸出双臂拥抱那些挣扎在生活最底层、因物质贫困和精神贫困而面目丑陋、身体孱弱、精神委顿的人们。这份

---

①《毛泽东选集》第三卷，人民出版社 1991 年版，第 851 页。
②《毛泽东文集》第七卷，人民出版社 1999 年版，第 294 页。
③《毛泽东文集》第七卷，人民出版社 1999 年版，第 378 页。

勇敢和决绝，使马克思主义者抛弃了被虚荣包裹着的繁华喧嚣，饱受风霜苦难的考验，饱尝身体折磨与精神锤炼，却在人民群众劳动生活的广阔天地里体悟了“大抵吾人为学，紧要大头脑，只是立志”①，感悟了“老吾老，以及人之老，幼吾幼，以及人之幼。……故推恩足以保四海，不推恩无以保妻子。古之人所以大过人者无他焉，善推其所为而已矣”②，践行了“如一念发在好善上，便实实落落去好善；一念发在恶恶上，便实实落落去恶恶”③，落实了“无事时，将好色、好货、好名等私欲逐一追究搜寻出来，定要拔去病根，永不复起，方始为快”④。也必在为中国人民谋幸福，为中华民族谋复兴的初心和使命中，使诚实而充盈的心灵享受“人生易老天难老，岁岁重阳。今又重阳，战地黄花分外香。一年一度秋风劲，不似春光。胜似春光，寥廓江天万里霜”的自由、博爱、超逸、拔俗的境界。

---

①（明）王阳明撰：《王阳明全集·传习录中·答周道通书》，线装书局2012年版，第135页。

②（宋）朱熹撰：《四书章句集注·孟子·梁惠王章句上》，中华书局2011年版，第195页。

③（明）王阳明撰：《王阳明全集·传习录下·黄以方录》，线装书局2012年版，第200页。

④（明）王阳明撰：《王阳明全集·传习录上·路澄录》，线装书局2012年版，第90—91页。

第六章

开拓创新之雄心

创新是一个民族进步的灵魂，是一个国家兴旺发达的不竭动力，也是中华民族最深沉的民族禀赋。在激烈的国际竞争中，惟创新者进，惟创新者强，惟创新者胜。

——2013 年 10 月 21 日，习近平总书记在欧美同学会成立 100 周年庆祝大会上的讲话

“越是伟大的事业，越充满艰难险阻，越需要艰苦奋斗，越需要开拓创新”[①]，越需要雄心壮志。汉代阮瑀的《为曹公作书与孙权》有云：“示之以祸难，激之以耻辱，大丈夫雄心，能无愤发。”中华民族实现从站起来、富起来到强起来的伟大飞跃，就是因为共产党人“有敢为人先的锐气，有上下求索的执著，得风气之先、开风气之先，力争有所突破、有所发展、有所建树”[②]；就是党领导人民披荆斩棘、奋力开拓、锐意进取的结果。可以说，百年党史，既是孜孜以求的接续奋斗史，也是全力以赴的开拓创新史。创新是一个国家、一个民族发展进步的不竭动力。“在共产党领导下，只要有了人，什么人间奇迹也可以造出来。”[③]因此，修好共产党人的“心学”就是要构建开拓创新之雄心，永远跟党走，敢为天下先，为实现中华民族伟大复兴的中国梦而不断奋斗。

---

①《中共中央关于党的百年奋斗重大成就和历史经验的决议》，人民出版社2021年版，第69页。

②《习近平谈治国理政》第一卷，外文出版社2018年版，第60页。

③《毛泽东选集》第四卷，人民出版社1991年版，第1512页。

一、党领导人民群众开拓创新的雄心

100多年来，中国共产党团结带领中国人民进行伟大奋斗，在进取中突破，于挫折中奋起，从总结中提高，不断推进理论、道路、制度、文化及其他各方面创新，取得了举世瞩目的辉煌成就，也积累了宝贵的历史经验。坚持开拓创新是中国共产党百年奋斗的十条历史经验之一，是保证党和国家事业从胜利走向新胜利的核心密码。开拓创新之所以成为党的宝贵经验，原因之一是在百年艰辛奋斗历程中，中国共产党始终发扬开拓创新精神，实现了马克思主义中国化的三次伟大飞跃，开辟了中国式现代化新道路，形成了完备的国家制度和治理体系，丰富了社会主义精神文明建设成果，取得了前无古人的创新性实践成果。其中，更重要的原因是“人”，人是第一个可宝贵的。在百年奋斗历程中，中国共产党成功改造中国社会，都是基于“人”这一实践主体，否则根本不可能取得百年奋斗的伟大成就。中国共产党和中国人民是开拓创新的主体，二者相辅相成，统一于党和人民百年奋斗的生动实践。

（一）资产阶级轻视“民众”，导致国家复兴无望

落后就要挨打。从1840年开始，西方列强用坚船利炮打开了闭关锁国的中国大门，强迫中国割地、赔款，攫取各种在华特权，并用数以千计的不平等条约、章程、专门条款从政治、经济、军事、文化等各个方面束缚捆绑中国。至此，中国逐渐沦为半殖民地半封建社会，中国人民

生活在水深火热之中，中华民族濒临毁灭。针对当时的中国，一位来华考察的日本商人曾写道：“这里有上流社会群体，底层生活的人民，却很少见到人格卓越的中流社会人士。这个国家的人利己主义和个人意识太过强烈，他们没有集体主义观念，甚至家国意识也非常单薄。不得不说，这是中国现今最大的弊病之一。”①

实际上，近代中国存有相当数量的“人格卓越的社会人士”。1894年，甲午战败不仅宣告了清政府自鸦片战争后开展的以洋务运动为代表的自上而下改革的彻底失败，也给中华民族带来了空前严重的民族危机，给当时中国思想文化界迎头痛击！资产阶级思想家严复、梁启超等开始提出“救国方案”。1900年，梁启超在《中国积弱溯源论》中提出：“吾国之受病，盖政府与人民，各皆有罪焉。”②1903年，梁启超又在《论尚武》中写道：“二千年之腐气败习，深入于国民之脑，遂使群国之人，奄奄如病夫，冉冉如弱女，温温如菩萨，戢戢如驯羊。”“其人皆为病夫，其国安得不为病国也！”③这时的梁启超不再强调外在制度层面的改革，而是开始关注“人”——必须改造政府和民众孱弱的国民性。而严复一开始便将救国方案的重点放在“人”上。1885年3月，严复在《原强》中写道，“强国必须强种”，改革的根本之道在于“一曰鼓民力，二曰开民德，三曰兴民智”。④严复与梁启超等提到的“民”“人民”“国民”等，其内涵是双重的：其一是中国古代民本思想中的“民”；其二是近代西方资产阶级提出的平等自由的“民主”。而对照中国资产阶级思想家“救国

① ［日］涩泽荣一：《论语与算盘》，余贝译，九州出版社2012年版，第146页。
② 梁启超：《饮冰室文集点校》，云南教育出版社2021年版，第670页。
③ 梁启超：《饮冰室文集点校》，云南教育出版社2021年版，第618、621页。
④ 严复：《严复集》第1册，中华书局1986年版，第27页。

方案”的具体内容可以得出结论，古代“民本”之“民”的属性依然是他们改革方案的基本点，严复和梁启超等人呼吁上层人士通过进行教育、农业、商业等社会制度改革，改善民生，使民众创造更多财富来增加国力，至于民众的政治权利、人格发展、价值提升等并不是他们关心的重点，他们赞同的依然是儒家提出的“劳心者治人，劳力者治于人”等严格的等级礼法制度。

对比之下，资产阶级革命家孙中山对民众的基本立场大大超越了梁启超等人。1905 年，孙中山就提出了“民族、民权、民生”的“三民主义”。孙中山对“民”的内涵和基本态度，可以从其 1918 年撰写的哲学专著《孙文学说》中得知。他认为：“以人言之，则有三系焉，其一是先知先觉者，为创造发明；其二后知后觉者，为仿效推行；其三不知不觉者，为竭力乐成。有此三系人相需为用，则大禹之九河可疏，秦皇之长城能筑也。”[①]由此不难看出，孙中山认为，普通民众作为“不知不觉者”，必须由“先知先觉者”及其他“有能之人”有效管理；普通民众无权参与国家大事。因此，孙中山领导的资产阶级革命从未主动吸纳民众阶级，他所组织的革命军要么是出身于资产阶级、小资产阶级、中小地主阶级的知识分子，要么是在海外的华侨及一些会党组织。孙中山等革命党人长期在国外从事活动，很少与国内的农民、工人打交道，他们之所以从未主动深入农村和工厂，从未实际调查农民、工人的生产生活情况，其根源是孙中山等资产阶级革命者与严复、梁启超等上层知识分子一样，藐视、轻视民众的价值。

为了拯救民族危亡，以严复、梁启超、孙中山等为代表的资产阶级

---

①《孙中山全集》第七卷，中华书局 1985 年版，第 126 页。

仁人志士不断在中国传统文化和西方思潮中寻找“凝心聚力、救亡图存”的救国方案，进行了变法图强的戊戌变法运动，发动了辛亥革命推翻清政府，建立了中华民国，这些近代民族民主革命打开了中国进步的闸门，传播了民主共和的理念，极大地推动了中华民族思想解放。但是，这些具有雄心壮志的开拓创新运动并没有改变旧中国半殖民地半封建的社会性质，没有改变旧中国丧权辱国的悲惨命运，没有完成中华民族独立解放的历史任务。我们不禁要问，失败的原因是什么？答案是：由于没有找到科学的理论、正确的道路和可依靠的社会力量。透过资产阶级“救国、强国”理论与实践探索的历程，我们不难发现，资产阶级思想家、革命家轻视甚至无视农民、工人等普通劳动者的地位与作用，普通劳动者由于得不到应有的尊重和重视，也“只知有小家、不知有国家”。这就是中华民族始终无法摆脱依附、被奴役、被压迫命运的总根源。而中国共产党的百年奋斗史充分证明，科学的理论、正确的道路、可依靠的社会力量都与人口数量最多、生存质量最差、文化水平最低的人民群众紧密相关。

（二）中国共产党依靠人民创造人间奇迹

开拓创新是一种鲜明的政治品格，也是共产党人应有的责任担当。中国共产党在马克思主义思想的指导下，在不断融合、创造的过程中，以胸怀天下的气魄构筑起中华民族的向心力、凝聚力；在不断坚持开拓创新的实践中，以敢为人先的政治勇气、以“敢教日月换新天”的政治魄力、以“乱云飞渡仍从容”的政治定力，带领中国人民克服了一个又一个困难，取得了一个又一个胜利，创造了一个又一个人间奇迹。

人民群众是开拓创新的主体力量。中国共产党始终坚持人民的政治立场，尊重人民的首创精神。1945年8月，毛泽东在延安干部会议上指出：“我们的方针要放在什么基点上？放在自己力量的基点上，叫做自力更生。……我们强调自力更生，我们能够依靠自己组织的力量，打败一切中外反动派。蒋介石同我们相反，他完全是依靠美国帝国主义的帮助，把美国帝国主义作为靠山。”[①]而中国共产党也有靠山，就是人民群众。1946年6月全面内战爆发。此时，国共两党总兵力的对比为3.4∶1，国民党明显占优势。不仅如此，国民党几乎占据了包括军事装备、后备资源、外来援助等所有有利于赢得战争的条件，共产党的失败似乎已成定局。因此，蒋介石信心满满地对外声称，三个月到六个月，国民党军队即可全数消灭共产党。针对此种态势，毛泽东一针见血地指出：“蒋介石军事力量的优势，只是暂时的现象，只是临时起作用的因素；美国帝国主义的援助，也只是临时起作用的因素；蒋介石战争的反人民的性质，人心的向背，则是经常起作用的因素；而在这方面，人民解放军则占着优势。”[②]事实证明，解放战争三年中，仅东北人民参战民工就达313.2万多人，仅辽沈战役中铁路工人和支前民工配合部队运到前线的军用物资就达1.9万多车皮。解放战争“三年中，晋冀鲁豫解放区参军农民先后达148万人；山东解放区先后有59万青年参军，还有700万青壮年当民工随军征战”[③]。国民党的后勤补给，依靠铁路运输和空投。然而人民解放军除在东北控制部分铁路，主要依靠肩挑、车推、驴驮、船运，把千里以外的粮食、弹药等军需物资运到前线，将伤病员送往后方医治。由此可见，一旦有人能提出代表人民群众利益的正确主张，并“把他们有效地

---

①《毛泽东选集》第四卷，人民出版社1991年版，第1132页。

②《毛泽东选集》第四卷，人民出版社1991年版，第1246页。

③ 胡国民：《人民群众与解放战争的胜利》，《宁波党校学报》2003年第3期。

组织起来，他们的潜能便会充分发挥出来，成为令人吃惊的巨大力量”[①]。中国共产党敢于以革命战争反对反革命战争的根基是人民，能够打败国民党反动派的保障是人民。

人民，只有人民，才是创造世界历史的动力。坚持发挥人民群众的主体作用就要激发开拓创新的内生动力。1950年10月，党中央作出组建中国人民志愿军，抗美援朝、保家卫国的战略决策，中国的敌人则是世界头号资本主义强国——美国。中美国力悬殊，尤其在国防力量方面。但革命实践令中国共产党底气十足，毛泽东说：“我们的经验是：依靠人民，再加上一个比较正确的领导，就可以用我们劣势装备战胜优势装备的敌人。”[②]他号召全军全国人民：“必须深刻地估计到各种可能遇到和必然会遇到的困难情况，并准备用高度的热情，勇气，细心和刻苦耐劳的精神去克服这些困难。”[③]战争的异常残酷激发了党员战士、各条战线工作者无比强大的创造能量！铁路运输是我军入朝作战的命脉，是敌机疯狂轰炸的重点。据统计，敌军曾经出动飞机近157400余架次，携带了10万吨炸弹，对铁路沿线狂轰滥炸。广大铁路职工和志愿军齐心合力想办法，制定了“敌人和我们打机械化，我们和敌人打巧妙化”战略。他们创造了新型行驶方法，发明了“集体直达”“分段倒运”“片段续行”“顶牛过江”“临时定点”等驾驶方法，驾驶员根据情况随时变换操作方法，确保了战略物资源源不断地运往朝鲜前线。一名美军发言人曾感慨地说，美军飞机从未停歇轰炸共产党控制的铁路运输线，但是朝鲜境内始终有火车在行驶，共产党不但有无限的人力，更有超强的创造力，中国

① 金冲及：《转折关头——中国1947》，生活·读书·新知三联书店2009年版，第373页。
②《毛泽东军事文集》第六卷，军事科学出版社、中央文献出版社1993年版，第355页。
③《毛泽东军事文集》第六卷，军事科学出版社、中央文献出版社1993年版，第110页。

对手“是世界上最坚决的人”。[①]1951年，《工人日报》发表评论，号召全国各条战线上的工人积极开展生产竞赛，支持抗美援朝。天津纺织工人提出“工厂就是战场”“一台布机一尊炮，一枚锭子一杆枪”；天津钢厂提出了“多出一吨钢，就是增加抗美援朝的一份力量”。全国工业战线纷纷开展爱国主义劳动竞赛，厉行节约，支援前线。农业战线也开展了爱国丰产竞赛运动，农民们增产节约，改进技术，总结丰产高产经验，全国各地涌现出一大批“丰产互助组”。1951年，新中国在大量军费支撑的情况下，消灭了财政赤字；1952年底，新中国完成了国民经济恢复任务；1953年，新中国第一个五年计划开始实施。在以毛泽东同志为主要代表的中国共产党人的领导下，抗美援朝动员起了亿万民众团结一致支援战争，举国上下形成了前所未有的爱国精神与集体主义精神，这股力量使国内各行各业的普通劳动者焕发出蓬勃的创造能力，使国内各项建设事业获得了快速发展。[②]“在朝鲜战场，西方世界头号强国的第一流军队，使用了除原子弹以外所有的现代化武器，但最终还是被推回到战争的起点——三八线。”[③]新中国的人民军队，在中国共产党的领导下，依靠中国人民的智慧和力量，心怀保家卫国的雄心，发扬开拓创新精神，击败了美国的“钢铁军队”！

① 参见邓华：《论抗美援朝战争的作战指导》，军事科学出版社1997年版，第185—186页。
② 参见中共中央文献研究室编：《毛泽东传》（三），中央文献出版社2011年版，第1134页。
③ 中共中央党史研究室：《中国共产党历史·第二卷（1949—1978）》上册，中共党史出版社2011年版，第88页。

二、准确把握开拓创新规律的雄心

什么是“雄心”？雄心就是伟大的理想和抱负，对共产党人来说，就是为人民谋幸福、为民族谋复兴、为世界谋大同。共产党人构建开拓创新之雄心要把握规律、主动出击、乘势而上，要在“敢为天下先”的社会实践中锐意进取。其中，准确把握开拓创新规律至关重要。中国共产党从小到大、由弱到强、自革命党到执政党的历史性变化背后正是不断坚持开拓创新的结果。党的百年奋斗史就是一部开拓创新的历史，自然蕴含着开拓创新的规律。共产党人开拓创新规律包含三个重要内容，其一是顺应人心，即实现好、维护好、发展好人民群众的根本利益，发挥人民群众的主体作用；其二是在马克思主义的指导下，坚持中国共产党的领导；其三是独立自主、自力更生，注重“国之大者”。

（一）人民群众与党共情，为党分忧

“谁把人民放在心上，人民就把谁放在心上。”①共产党人只要心里装着人民群众，真心实意为人民群众做好事、办实事、解难事，人民群众就惦记他、想念他，就能和他心心相印、同甘共苦、团结奋斗。“人民是改革的主体，要坚持党的群众路线，建立社会参与机制，充分发挥人民群众积极性、主动性、创造性。”②中国共产党始终高度重视基层调查研究，高度重视来自基层人民群众创造的社会主义建设新做法、新经验。

1963 年 11 月 21 日，时任公安部副部长、中央办公厅警卫局局长汪

① 习近平：《论中国共产党历史》，中央文献出版社 2021 年版，第 172 页。

②《中共中央关于全面深化改革若干重大问题的决定》，人民出版社 2013 年版，第 60 页。

东兴向毛泽东口头汇报了题为《依靠广大群众，加强人民民主专政，把反动势力中的绝大多数改造成为新人》的发言稿。这篇发言稿的最后部分提到关于“改造一切有破坏活动的地、富、反、坏分子和其他反动分子”的问题，并详细介绍了“浙江诸暨县枫桥区的七个公社创造的好经验”。浙江诸暨县枫桥区七个公社共有900多“地、富、反、坏”分子，其中160多人有比较严重的破坏活动。社会主义教育运动开始后，当地党员干部和广大群众按照党中央的方针政策对“地、富、反、坏”分子开展了评审和说理斗争。当教育运动基本结束时，枫桥区的党员干部和人民群众为了不给国家、上级增加负担，就将这900多名受到了斗争教育的人员留在生产队里，由群众监督改造他们，不上交给上级部门。诸暨县枫桥区的好经验中最基本的一条，就是善于发动群众，善于通过说理斗争，解决矛盾，制服“敌人”。浙江诸暨县枫桥区的七个公社的好经验引起了毛泽东的高度重视，他详细阅读了发言稿，作出了详细批示，之后把汪东兴找来谈话。据汪东兴回忆，毛泽东在谈话时，要求他进一步思考两个问题：第一，群众为什么懂得要这样做？第二，证明依靠群众办事是个好办法。毛泽东作出指示，人大代表和各级领导干部都要学习总结“枫桥经验”，并对“两个问题”进行思考。

20世纪50年代末60年代初，由于“大跃进”、三年困难时期及苏联突然撤走在华专家所导致的多项生产中断，我国国民经济陷入严重困难，具体表现为农业严重减产，粮食、棉花、油料、肉类产量下降，与1957年相比，1960年农产品的人均占有量下降了30%—56%。人民群众的生活降到新中国成立以来的最低水平。[①] 在此期间，尽管每家每户的生活水

① 参见朱荣等编：《当代中国的农业》，当代中国出版社1992年版，第187页。

平下降，人民群众却依然信任中国共产党的领导能力，心甘情愿地为党分忧，“在那样困难的时刻，中国人民始终同心同德地支持中国共产党和人民政府，咬紧牙关，共渡难关。社会秩序稳定，社会风气良好”①。“枫桥经验”就是诞生在这个最困难时期，浙江诸暨县枫桥区的七个公社就是亿万劳动人民的代表者和代言人，党与人民群众血肉联系就是在共患难时得到了检验和印证。

几十年间，“枫桥经验”在社会主义实践中被持续巩固、创新、发展，不断被赋予新的时代内涵。2003 年，在纪念毛泽东同志批示“枫桥经验”40 周年大会上，习近平同志指出：“诸暨市枫桥的干部群众在社会主义教育运动中创造了‘发动和依靠群众，坚持矛盾不上交，就地解决，实现捕人少、治安好’的‘枫桥经验’。1963 年 11 月，毛泽东同志亲自批示‘要各地仿效，经过试点，推广去做’。‘枫桥经验’成为全国政法战线的一面旗帜。”②对应时代发展要求和特点，习近平同志进一步对“枫桥经验”作出概括：一是坚持统筹发展，治本抓源；二要坚持强化基础，依靠群众；三要坚持完善制度，注重长效。③同时，他还提出要“根据形势的变化，不断丰富和发展‘枫桥经验’，赋予其新的时代内涵，使‘枫桥经验’与时俱进，显示出持久的生命力”④。2013 年，在毛泽东批示推广“枫桥经验”50 周年之际，习近平总书记指出：“各级党委和政府要充分认识‘枫桥经验’的重大意义，发扬优良作风，适应时代要求，创新

---

① 金冲及：《二十世纪中国史纲》（三），社会科学文献出版社 2009 年版，第 916 页。

② 习近平：《干在实处　走在前列——推进浙江新发展的思考与实践》，中共中央党校出版社 2006 年版，第 275 页。

③《建设“平安浙江”促进和谐稳定——访中共浙江省委书记习近平》，《人民日报》2004 年 6 月 10 日。

④ 习近平：《创新“枫桥经验”维护社会稳定》，《法制日报》2004 年 2 月 8 日。

群众工作方法，善于运用法治思维和法治方式解决涉及群众切身利益的矛盾和问题，把‘枫桥经验’坚持好、发展好，把党的群众路线坚持好、贯彻好。”①

历史是最好的教科书。今天，新时代的共产党人做好群众工作有必要重新审视毛泽东关于“枫桥经验”提出的两个问题，即群众为什么懂得要这样做？证明依靠群众办事是个好办法。当初浙江诸暨县枫桥区的七个公社的党员干部、人民群众这样做的直接原因是“与党共情，为党分忧”，根本原因是每一位普通劳动者身上迸发出来的主人翁精神与作风！占人口绝大多数、祖祖辈辈被残酷压迫剥削的农民、工人等从心底感激中国共产党、信任中国共产党，是中国共产党用艰苦卓绝的奋斗和牺牲打下了“劳动人民当家作主”的江山，是人民民主专政的国体与人民代表大会制度的政体保证了劳动人民获得了切切实实的政治权利，是忠诚、无私、奉献的各级人大代表为国家未来谋定方向，为民族振兴投入力量。因此，“群众为什么懂得要这样做”这个问题，可以理解为“群众为什么主动积极地为党分忧”。答案就是，当执政者真心实意信任群众、尊重群众、依靠群众时，人民群众的心就会感应到自己被信任、被尊重、被依靠，就会不由自主地产生热爱之心、回报之心、奉献之心，就会主动自觉地与执政者同呼吸、共命运，人民群众也就自然而然地成为党最信赖和依靠的力量。中国共产党的百年历史证明，我们党“团结带领人民历经千难万险，付出巨大牺牲，敢于面对曲折，勇于修正错误，攻克了一个又一个看似不可攻克的难关，创造了一个又一个彪炳史册的

①《习近平就坚持和发展“枫桥经验”作出的指示》，《人民日报》2013年10月12日。

人间奇迹”[1]。

（二）共产党人激励人民，依靠群众

“党只有紧紧地依靠群众，密切地联系群众，随时听取群众的呼声，了解群众的情绪，代表群众的利益，才能形成强大的力量，顺利地完成自己的各项任务。”[2] 毛泽东向全党提出：“证明依靠群众办事是个好办法”[3]，其实质是让共产党人对照当下实践，回顾党的历史经验，反思“依靠群众”的真正内涵。在这之前，共产党人首先要知道，“依靠什么样的人民群众？”“可依靠的人民群众从哪里来？”毛泽东一生的“知”“行”都与人民群众紧密相连。

毛泽东深爱自己与杨开慧的儿子毛岸英，他表达深爱的方式是让毛岸英融入劳动群众的生产生活中，成长为一名自信、自立、自强的共产党人。1946 年 2 月，毛泽东把刚刚回到中国的毛岸英送到陕北农村，拜农民为师，亲身参加劳动，学习农业生产知识。他对毛岸英说：“你要老老实实地锻炼，要和群众打成一片，生活上不要有任何特殊，要多做调查研究工作，通过实际的调查，了解中国农村和中国农民的情况，学习书本上学不到的东西。”毛岸英经过虚心拜师，刻苦学习，从“劳动大学”毕业后，成了“送粪、耕地、点种、锄草、分苗、收割、碾打”的行家里手，与农民同吃、同住、同劳动结下了深厚感情。此时的毛岸英真正拥有了坚定的自信心，以及敢于相信群众、依靠群众“战天斗地”的雄心壮志！作为毛岸英老师的陕北农民及知晓此事的全国各地劳动者，

---

① 习近平：《论中国共产党历史》，中央文献出版社 2021 年版，第 181 页。
②《邓小平文选》第二卷，人民出版社 1994 年版，第 342 页。
③ 中共中央文献研究室编：《毛泽东传》（二），中央文献出版社 2011 年版，第 760 页。

从骨子里感受到被党的领袖尊重、信任、关怀的深情厚谊，更加认同自己的“农民身份”“劳动者身份”，更加激发自身的自尊、自信、自立、自强！

许多人熟知，毛泽东强调共产党要给人民看得见的物质福利，但很多人不知道，毛泽东最为重视的是激励普通劳动者精神上的自尊心，心理上的自信心，行动上的自强心。1942 年 4 月 30 日，《解放日报》头版头条刊发《模范农村劳动英雄吴满有，连年开荒收粮特多，影响群众积极春耕》，全面报道农民劳模吴满有的先进事迹。1945 年 1 月，在陕甘宁边区劳动英雄和模范工作者大会上，吴满有等劳动模范受到边区政府表彰奖励。毛泽东对受表彰的劳动模范说：“大家欢迎你们，尊敬你们”，“这就是因为你们特别努力，有许多创造”，“引起了大家向你们学习”。“你们已经是群众中的骨干，群众中的核心，有了你们，工作就好推动了。”“你们是上面的领导人员和下面的广大群众之间的桥梁，群众的意见经过你们传上来，上面的意见经过你们传下去。”①对此，《解放日报》发表评论：“一个农民享受如此殊典，在边区虽然还是第一次，但是我们都知道，劳动创造一切，模范劳动者正才是我们应当崇敬的英雄。”②

毛泽东不是以“主席”和“领袖”的身份对待劳动模范和普通劳动者，而是时刻关注、尊重、赞美劳动者。大庆“铁人”王进喜用 47 年走完了自己短暂而辉煌的一生。他曾经见过毛泽东 10 次，曾被毛泽东邀请参加 71 岁的生日宴。毛泽东 1965 年会见埃德加·斯诺、1972 年会见美国总统尼克松时，都曾提道：“我们中国有个铁人叫王进喜，他说过‘石

①《毛泽东选集》第三卷，人民出版社 1991 年版，第 1014 页。

② 中国延安干部学院编：《红色延安的故事》（精编版），党建读物出版社 2017 年版，第 18 页。

油工人一声吼，地球也要抖三抖’，我们中国人说话是有分量的。”[①]以毛泽东同志为主要代表的中国共产党人，一生的志气、骨气、底气，都源自中国最广大劳动人民的志气、骨气、底气。王进喜代表的石油工人的一声吼及新中国工业、农业、科技等各条战线上无数普通劳动者的一声声怒吼，才是中国站起来、富起来、强起来的根本原因。

一个政党，一个政权，其前途命运取决于人心向背。如果人民群众能够如解放战争时期那般“最后一碗米送去做军粮，最后一尺布送去做军装，最后一件老棉袄盖在担架上，最后一个亲骨肉送去上战场”[②]，那么中华民族一定会迎来伟大复兴。“历史充分证明，江山就是人民，人民就是江山，人心向背关系党的生死存亡。赢得人民信任，得到人民支持，党就能够克服任何困难，就能够无往而不胜。反之，我们将一事无成，甚至走向衰败。”[③]新时代加强和改进党的作风建设，核心问题是保持党同人民群众的血肉联系。马克思主义执政党的最大危险就是脱离群众，党要继续经受住执政考验、改革开放考验、市场经济考验、外部环境考验，就必须始终密切联系群众。在以和平发展为主题的国际环境中，在稳居世界第二大经济体的雄厚国力局面下，要持续激发人民群众开拓创新的创造力，就要紧盯党员干部的心与人民群众的心，共产党人要敢于掏出自己的“真心”，主动与人民群众共荣共辱、共命运；要放下官僚之心、倨傲之心、骄横之心，而涵养恻隐之心、共情之心、良知之心，使人民群众感受到被尊重、被倚重、被信赖，使人民群众升腾起敢于突破旧习陋习，敢于奋起追梦圆梦，向着更高层级的物质富裕与精神富强开

---

① 官柯：《毛泽东主席的座上宾》，《石油知识》2020 年第 5 期。

② 习近平：《论中国共产党历史》，中央文献出版社 2021 年版，第 172 页。

③《习近平谈治国理政》第四卷，外文出版社 2022 年版，第 512 页。

拓创新！

三、以开拓创新之雄心打败功业欲

在人类古往今来的所有文明形态中，中华文明之所以能够灿若星河且绵延至今，是因为中华民族始终秉承“天行健，君子以自强不息；地势坤，君子以厚德载物”的价值导向，更秉持“生于忧患，死于安乐”的忧患意识。1945 年的“延安窑洞对”，就是毛泽东与民主人士黄炎培关于历史周期率的一次著名会谈，是关于政权建设的一次经典之谈。其核心是中国共产党如何克制“功业欲”，跳出历史周期率的支配。经过 100 多年栉风沐雨，中国共产党领导人民群众实现了国家经济繁荣、社会稳定、人民生活小康的目标。同时，中国共产党人始终牢记“窑洞对”，始终直面历史周期率，始终以开拓创新之雄心击败功业欲！

（一）两股文化对“人心”的争夺

“历史是一面镜子，从历史中，我们能够更好看清世界、参透生活、认识自己；历史也是一位智者，同历史对话，我们能够更好认识过去、把握当下、面向未来。”① 中华民族 5000 多年文明源远流长，始终涌动着不懈争斗的两股力量，一为功业欲，二为仁义心。若功业欲占优势，掌权者就会陷入争权夺利、消极腐败，以暴易暴、成王败寇，官僚主义和形式主义大行其道，与民争利、社会矛盾激化的恶性循环；若仁义心占优势，则上下同心，政事通达，人心和顺，经济发展，

---

①《习近平谈治国理政》第二卷，外文出版社 2017 年版，第 351 页。

民富国强。

王阳明评价那些为谋取现实权势而读书做学问的人“徒弊精竭力，从册子上钻研，名物上考索，形迹上比拟”，可谓是“知识愈广而人欲愈滋，才力愈多而天理愈蔽”。① 更为严重的是，“天下之人用其私智以相比轧，是以人各有心，而偏琐僻陋之见，狡伪阴邪之术，至于不可胜说。外假仁义之名，而内以行其自私自利之实，诡辞以阿俗，矫行以干誉”②。王阳明指出这些借助圣贤书而追求功业欲的书生们，其内心阴暗，表里不一，两面三刀，道德败坏，他们变成手握权力的官员后，皆成为谋一家一姓之私利而不辨是非、盘剥百姓、践踏仁义之徒，同时他们还要伪装“圣贤”、道貌岸然、假仁假义，污儒家清誉，毁道德根基！抗日战争刚结束，国民党不是奋发图强，恢复国计民生，而是将金子、票子、房子、车子作为追求目标，利用手中权力大肆掠夺民脂民膏，不到四年时间，国统区经济崩溃，民不聊生，最终被代表人民、代表正义力量的中国共产党拔下了“青天白日旗”，丢掉了政权。

天行有常，不为桀亡，丑恶之侧，始终汹涌着至善真力。千年以降，与功业欲搏击不休的是仁义心。孟子曾经评价：“人之所贵者，非良贵也。赵孟之所贵，赵孟能贱之。”③ 靠巴结谄媚权贵谋取富贵荣华，来之易，失之更易；靠获得世俗权力满足情欲，只能一时片刻，无法长长久久。人到底该追求什么？孟子指出：“有天爵者，有人爵者。仁义忠信，乐善不倦，此天爵也；公卿大夫，此人爵也。古之人修其天爵，而人爵从之。今之人修其天爵，以要人爵，既得人爵，而弃其天爵，则惑之甚

---

① 参见（明）王阳明撰：《王阳明全集·传习录上》，线装书局 2012 年版，第 104 页。
② （明）王阳明撰：《王阳明全集·传习录中·答聂文蔚》，线装书局 2012 年版，第 157 页。
③ （宋）朱熹撰：《四书章句集注·孟子·告子章句上》，中华书局 2011 年版，第 314 页。

者也，终亦必亡而已矣。”[1]儒家不是不正视现实生活，孔子早就提出：“富而可求也，虽执鞭之士，吾亦为之。如不可求，从吾所好。”[2]“富与贵是人之所欲也，不以其道得之，不处也；贫与贱是人之所恶也，不以其道得之，不去也。君子去仁，恶乎成名？君子无终食之间违仁，造次必于是，颠沛必于是。”[3]孔子和孟子皆有着清晰透彻的分析力，皆知追求富贵荣誉是人之常情，但他们没有陷溺、沉沦在肤浅的欲望中，而是超拔于感官之上，进入玄远的“天理”层面，对欲望进行批判性分析。

什么才是值得人奋力夺取的真正财富？孔子强调，人最可宝贵的品质是拥有对仁义道德的感知能力。仁义道德是一股源于天道流行的力量，它能突破一家、一姓、一“小我”的狭隘自私短视的欲望。人只要敢于终其一生践行仁义道德，就会被天地浩然正气所滋养，就会超越朝不保夕、患得患失的人爵处境，就会登临“从心所欲不逾矩”的天爵境界。这便是朱熹内心透亮之感：“而一旦豁然贯通焉，则众物之表里精粗无不到，而吾心之全体大用无不明矣”[4]；这便是王阳明“致良知”之境：“我的灵明，便是天地鬼神的主宰。天没有我的灵明，谁去仰他高？地没有我的灵明，谁去俯他深？鬼神没有我的灵明，谁去辨他吉凶灾祥？天地鬼神万物，离却我的灵明，便没有天地鬼神万物了”[5]；这便是文天祥荡气回肠之叹：天地有正气，杂然赋流形。下则为河岳，上则为日星。于人曰浩然，沛乎塞苍冥。皇路当清夷，含和吐明庭。时穷节乃见，

①（宋）朱熹撰：《四书章句集注·孟子·告子章句上》，中华书局2011年版，第314页。
②（宋）朱熹撰：《四书章句集注·论语·述而第七》，中华书局2011年版，第93页。
③（宋）朱熹撰：《四书章句集注·论语·里仁第四》，中华书局2011年版，第69页。
④（宋）朱熹撰：《四书章句集注·大学章句》，中华书局2011年版，第8页。
⑤（明）王阳明撰：《王阳明全集·传习录下·黄以方录》，线装书局2012年版，第205页。

一一垂丹青。

（二）以集体主义精神击败个人功业欲

“从现在起，中国共产党的中心任务就是团结带领全国各族人民全面建成社会主义现代化强国、实现第二个百年奋斗目标，以中国式现代化全面推进中华民族伟大复兴。”[①]这就是每一位新时代共产党人要肩负的光荣使命和历史责任，就是开拓创新之雄心的方向和目标。同时，要想面对功业欲的严峻挑战，每一位新时代共产党人必须清醒地认识到，与其他阶级社会的发明创造不同的是，共产党人的开拓创新是在党和人民中实现的，开拓创新的出发点和落脚点都是为了实现党和人民的集体利益，开拓创新之雄心壮志蕴含着集体主义精神。因此，集体主义精神是战胜个人功业欲最锐利的武器。

集体主义精神源自儒家“大同理想”，近代中国败落之时曾被资产阶级思想家倡导，最终在中国共产党的理论创新与实践创新中成为人民群众开拓创新的精神宝藏。《礼记·礼运》篇有言：“大道之行也，天下为公。选贤与能，讲信修睦，故人不独亲其亲，不独子其子，使老有所终，壮有所用，少有所长，鳏寡孤独废疾者，皆有所养。男有分，女有归。货恶其弃于地也，不必藏于己；力恶其不出于身也，不必为己。是故谋闭而不兴，盗窃乱贼而不作，故外户而不闭，是谓大同。”[②]清末民初思想家康有为所倡导的“大同学说”，将共同体社会描绘得有声有色，注入了颇多现代性乌托邦色彩，却因坚决拒绝与封建统治者展开阶级斗争和社

①《习近平著作选读》第一卷，人民出版社 2023 年版，第 18 页。
② 胡平生、张萌译注：《礼记》（上），中华书局 2017 年版，第 419—420 页。

会革命而沦为空想。孙中山在“三民主义”的指导下所绘制的现代大同社会蓝图，却因不接受历史唯物主义，不愿承认劳动人民的历史地位而被束之高阁，直至被继任者完全抛弃。

“在近代中国最危急的时刻，中国共产党人找到了马克思列宁主义，并坚持把马克思列宁主义同中国实际相结合，用马克思主义真理的力量激活了中华民族历经几千年创造的伟大文明，使中华文明再次迸发出强大精神力量。”① 以毛泽东同志为主要代表的中国共产党人将马克思主义社会实践作为“大同理想”与“人民共同体”蓝图落地生根的根本途径。毛泽东指出：“必须从实践出发，从没有经验到有经验，从有较少的经验，到有较多的经验，从建设社会主义这个未被认识的必然王国，到逐步地克服盲目性、认识客观规律、从而获得自由，在认识上出现一个飞跃，到达自由王国。”②同时，毛泽东强调，实践与认识之间相互促进，不可割裂，人在投身改造环境的过程中，主观认识也被改造，进而获得真理，强化真理。事实证明，以毛泽东同志为主要代表的中国共产党人对马克思主义实践观所做的中国化理论创新与实践创新的最突出之处在于，明确了人民群众是社会实践的主体，确立了中国共产党的初心和使命是为中国人民谋幸福，为中华民族谋复兴，确立了群众路线是我们党的生命线和根本工作路线。

新中国成立后，毛泽东对人民群众的力量更加深信不疑，更加坚信群众路线，更加坚定走集体主义精神的实践道路。毛泽东坚信只要党作出正确引导，人民群众一定会具有集体主义道德觉悟，一定会走好社会

---

①《习近平谈治国理政》第四卷，外文出版社 2022 年版，第 509 页。

②《毛泽东文集》第八卷，人民出版社 1999 年版，第 300 页。

主义集体化道路。因此，毛泽东强调，党组织必须相信人民群众中有觉悟较高的积极分子，他们有走社会主义道路的热情，各级干部必须做到“两个相信”，即“我们应当相信群众，我们应当相信党，这是两条根本的原理。如果怀疑这两条原理，那就什么事情也做不成了”[①]。当一些人质疑社会主义改造与工业化建设时，毛泽东指出，工人、农民、知识分子创造了社会的全部财富，只要有马克思列宁主义路线作指导，只要放手发动群众，只要敢于面对实践中出现的错误，积极改正，用正确的办法去解决，那么任何困难都是可以战胜的。历史充分证明：“社会主义革命和建设的成就是人民群众干出来的；改革开放的历史伟剧是亿万人民群众主演的。”[②]

毛泽东曾说：“人民是应该负担的，人民很知道这种必要性。在公家极端困难时，要人民多负担一点，也是必要的，也得到人民的谅解。”[③]共产党为什么敢这么说？底气在哪里？这种信心源自共产党人的无私奉献、以身作则，源于党对人民群众精神世界的引导与塑造，得益于在全民族开展集体主义精神的教育。毛泽东指出：“应当强调艰苦奋斗，强调扩大再生产，强调共产主义前途、远景，要用共产主义理想教育人民。”“‘千里之行，始于足下’，如果只看到足下，不想到前途，不想到远景，那还有什么千里旅行的兴趣和热情呢。”[④]“我们的教育方针，应该使受教育者在德育、智育、体育几方面都得到发展，成为有社会主义觉悟的有文化的劳动者。”“发展共产主义的情操、风格和集体英雄主义的气概，就是我

①《毛泽东文集》第六卷，人民出版社 1999 年版，第 423 页。
②《习近平谈治国理政》第四卷，外文出版社 2022 年版，第 512 页。
③《毛泽东选集》第三卷，人民出版社 1991 年版，第 893 页。
④《毛泽东文集》第八卷，人民出版社 1999 年版，第 136 页。

们时代的德育。”[①]因此，毛泽东向全党与全体人民发出号召：通过教育，人民有为了集体、为了后代、为了社会前途而努力奋斗的觉悟，不能只讲个人利益、眼前利益、局部利益，更应该讲全局利益、长远利益和集体利益。这两个方面的关系是，个人利益服从集体利益、眼前利益服从长远利益，局部利益服从全局利益。

由此可见，集体主义是社会主义国家全体公民自觉追求的精神品质，是整个国家的社会风尚，是中国共产党带领全国各族人民共同践行的价值观。集体主义是以大公无私指引社会实践，在实践中改造提升思想境界，以团结之力击退眼前利益至上的功业欲的有力武器，展示了社会主义国家人人平等、人人奉献的高尚精神风貌。正如习近平总书记所言：“站立在960万平方公里的广袤土地上，吸吮着中华民族漫长奋斗积累的文化养分，拥有13亿中国人民聚合的磅礴之力，我们走自己的路，具有无比广阔的舞台，具有无比深厚的历史底蕴，具有无比强大的前进定力，中国人民应该有这个信心，每一个中国人都应该有这个信心。”[②]

①《毛泽东文集》第七卷，人民出版社1999年版，第226、398—399页。

②《习近平谈治国理政》第二卷，外文出版社2017年版，第339页。

第七章

敢于斗争之慧心

敢于斗争是我们党的鲜明品格。我们党依靠斗争走到今天，也必然要依靠斗争赢得未来。年轻干部要自觉加强斗争历练，在斗争中学会斗争，在斗争中成长提高，努力成为敢于斗争、善于斗争的勇士。

——2021 年 3 月 1 日，习近平总书记在 2021 年春季学期中央党校（国家行政学院）中青年干部培训班开班式上的讲话中国共产党在斗争中诞生、在斗争中发展、在斗争中壮大、在斗争中赢得胜利。“敢于斗争是我们党的鲜明品格。我们党依靠斗争走到今天，也必然要依靠斗争赢得未来。”① 从这个意义上说，一部中国共产党的历史，就是一部敢于斗争、善于斗争的历史。习近平总书记在党的二十大报告中号召全党同志务必敢于斗争、善于斗争。斗争是一门艺术，需要增强斗争本领和斗争智慧，需要修炼斗争的慧心。“慧心”源自佛教哲学，指聪慧之心，它既具谙练真谛而领悟至理之智，又备灵动纯净而机智巧思之能。当前，中华民族伟大复兴战略全局和世界百年未有之大变局相互交织、相互激荡。修好共产党人的“心学”就是要构建敢于斗争之慧心，准确把握斗争规律，增强斗争智慧，提高斗争本领，勇于进行具有许多新的历史特点的伟大斗争，不断夺取全面建设社会主义现代化国家新胜利。

---

①《习近平谈治国理政》第四卷，外文出版社 2022 年版，第 80 页。

一、直面现实，把握斗争规律的慧心

“社会是在矛盾运动中前进的，有矛盾就会有斗争。”[①] 党的二十大发出了为全面建设社会主义现代化国家、全面推进中华民族伟大复兴而团结奋斗的伟大号召。在新时代新征程上，共产党人必然面临着严峻复杂的外部环境和经济社会发展的繁重任务，必然面对更多重大挑战、重大风险、重大阻力、重大矛盾，有大量改革难题、发展课题、矛盾问题需要破解。习近平总书记指出：“我们要善于通过历史看现实、透过现象看本质，把握好全局和局部、当前和长远、宏观和微观、主要矛盾和次要矛盾、特殊和一般的关系”，“为前瞻性思考、全局性谋划、整体性推进党和国家各项事业提供科学思想方法”。[②] 全面建设社会主义现代化国家需要科学思想方法作指导，而科学思想方法来自对现象与本质关系的辩证把握，来自突破表象、抓住根本的规律性认识。因此，新时代共产党人必须突破现象、察其本质，必须辨识与认知斗争精神的价值，必须开掘敢于斗争之“慧心”，准确把握斗争规律。

（一）敢于斗争是赢得胜利的前提

从马克思和恩格斯创立马克思主义，发表《共产党宣言》，建立无产阶级政党组织，开展马克思主义理论与工人运动相结合的实践，到列宁

①《习近平著作选读》第二卷，人民出版社 2023 年版，第 259 页。
②《习近平著作选读》第一卷，人民出版社 2023 年版，第 17 页。

组建布尔什维克党，领导俄国工人进行民主革命，创立和建设社会主义国家，再到中国共产党革命、建设、改革、新时代的百年实践历程，170多年间，马克思主义实践道路从未离开过斗争，而每个时期、每个阶段、每个领域斗争的背后又呈现出一条人类社会发展的规律，即敢于斗争才能赢得历史主动，才能赢得实践胜利。

在马克思和恩格斯共同创立马克思主义的过程中，斗争贯穿始终。首先，为了追求真理，他们敢于与几乎整个德国知识界进行坚决而彻底的斗争。19世纪40年代，德国知识界流行着一种社会主义思想。它主张用跨越阶级的“人类之爱”使资产阶级与无产阶级合作，用高度超越的人类之爱来促进无产阶级生活的改善、地位的提高。这些空想的思想家无视工人阶级真实的苦难生活，而大肆宣扬以抽象的“人类之爱”“人的本质”等概念、理念实现人的自由。对此，马克思和恩格斯在《共产党宣言》中对此进行猛烈批判，他们指出：“现今在德国流行的一切所谓社会主义和共产主义的著作，除了极少数的例外，都属于这一类卑鄙龌龊的、令人委靡的文献。”①马克思和恩格斯深恶痛绝德国将无产阶级革命作为“温和的”“空想的”“文学运动”来开展的做法，为此他们提出无产阶级必须通过流血的暴力革命，从资产阶级手中夺取政权，这才是无产阶级党性的根本体现。不仅如此，为了坚持真理，马克思和恩格斯敢于突破个人情感的束缚，敢于与拉萨尔、布朗基等曾经并肩战斗的战友进行坚决斗争，敢于与他们的不立足人类社会发展规律的果决行动力进行坚决斗争。通过对人类社会发展历史的分析总结，马克思和恩格斯发现了一条社会发展规律：人类社会的发展进步是从一种较低的社会形态转变

① 《马克思恩格斯选集》第一卷，人民出版社2012年版，第429页。

为一种更高级别的社会形态，推动转变的动力就是阶级斗争。在此基础上，马克思和恩格斯鲜明地给出了一个极具颠覆性和斗争性的论断：“在英国，一个阶级的社会地位愈低，愈‘没有教养’（就一般的意义来说），它就愈进步，愈有远大的前途——这一情况是非常显著的。”[①]与此同时，他们坚定地指出，只有无产阶级才是结束资产阶级统治，将人类推至更高社会形态的创造者。而无产阶级政党的使命就是，带领无产阶级完成“两个决裂”：其一是同资本主义等全部私有制关系作最彻底决裂，其二是与资产阶级等全部私有制观念作彻底决裂。[②]马克思和恩格斯告诫无产阶级政党，在现实斗争中，只有敢于将自我投入异常强大的资产阶级的搏杀中，只有敢于放弃自我的全部私利而无私奉献于无产阶级革命事业，只有敢于同党内不正确的思想作坚决斗争，只有敢于同自己思想意识里不符合无产阶级革命要求的观念作坚决斗争，共产主义理想才能真正实现，人类才能获得真正自由与解放。

列宁领导的俄国十月革命虽然实现了马克思“跨越卡夫丁峡谷”的预言，但斗争依然贯穿于列宁理论创新与革命实践的全过程。列宁领导的布尔什维克党敢于与不赞成走社会主义道路的各方势力进行反复、严峻、坚决的斗争。他曾指出：“我们的敌人曾不止一次对我们说，我们在一个文化不够发达的国家里推行社会主义是冒失行为。但是他们错了，我们没有从理论（一切书呆子的理论）所规定的那一端开始，我们的政治和社会变革成了我们目前正面临的文化变革，文化革命的先导。”[③]事实证明，东方落后国家可以首先通过革命夺取全国政权，建立无产阶级专

①《马克思恩格斯全集》第一卷，人民出版社 1956 年版，第 561 页。

② 参见《马克思恩格斯文集》第二卷，人民出版社 2009 年版，第 52 页。

③《列宁专题文集　论社会主义》，人民出版社 2009 年版，第 355 页。

政，建立新的生产关系，通过新的生产关系创造生产力，走出一条以政治变革、文化变革推动经济变革的社会主义发展的新道路。列宁领导的布尔什维克党不仅与党外各方势力斗争，还与党内不正之风进行坚决斗争。列宁严肃批判党内派系“七人团”，他指出：“七人团——这是一些动摇不定、与党貌合神离的、缺少党性的人。”“掩盖他们的取消主义、他们的无气节和无原则性，就是犯罪。”[①]为了实现党内团结，就必须敢于开展党内斗争。列宁在《告全党书》中指出：“党内斗争的实质是小组习气和党性之间的冲突。因此，只要治好这种病，我们党就可以成为一个真正的党。”[②]无产阶级政党党员应当是党性的践行者，要坚持辩证唯物主义世界观，要代表广大人民的利益，要服从党、对党忠诚，要有坚强的组织纪律性。“因此，觉悟的无产阶级的政党——社会民主党，完全应该随时同非党性作斗争，坚持不懈地为建立一个原则坚定的、紧密团结的社会主义工人政党而努力。”[③]

中国共产党和中国人民是在斗争中成长壮大起来的，斗争精神贯穿于中国革命、建设、改革各个时期，敢于斗争、敢于胜利，是党和人民不可战胜的强大精神力量。革命战争年代，共产党人勇敢担负起争取民族独立、人民解放的历史任务，同国内外强敌进行艰苦卓绝的斗争。从1921年到1949年，有名可查的革命烈士就达370多万人。新中国成立后，面对国家积贫积弱、一穷二白的现状，面对党内党外、国内国外复杂严峻的形势，面对世界上最强大国家的威胁和挑衅，以毛泽东同志为主要代表的中国共产党人以“打得一拳开，免得百拳来”的战略远见，以

①《列宁全集》第四十六卷，人民出版社2017年版，第277页。
②《列宁全集》第九卷，人民出版社2017年版，第11页。
③《列宁全集》第十二卷，人民出版社2017年版，第123页。

“不惜国内打烂了重新建设”的胆识和魄力，作出抗美援朝、保家卫国的历史性决策，捍卫了新中国安全。20世纪80年代末90年代初，东欧剧变、苏联解体，世界社会主义遭受严重挫折，中国共产党人以坚定意志与历史担当打赢了关系党和国家生死存亡的斗争，确保了中国特色社会主义正确航向和改革发展的正确方向。

党的十八大以来，面对百年未有之大变局，习近平总书记向全党反复强调，必须进行具有许多新的历史特点的伟大斗争，必须高度重视和防范化解各种重大风险。10多年来，我们党牢牢掌握应对风险挑战的战略主动，对危及党的执政地位、国家政权稳定，危害国家核心利益，危害人民根本利益，有可能迟滞甚至打断中华民族伟大复兴进程的重大风险挑战，果断出手、坚决斗争，经受住了来自政治、经济、意识形态、自然界等方面的风险挑战，攻克了许多长期没有解决的难题，办成了许多事关长远的大事要事，推动党和国家事业取得历史性成就、发生历史性变革。百年实践充分证明：“我们党在内忧外患中诞生、在历经磨难中成长、在攻坚克难中壮大，锤炼了不畏强敌、不惧风险、敢于斗争、敢于胜利的风骨和品质。为了肩负历史重任，为了党和人民事业，无论敌人如何强大、道路如何艰险、挑战如何严峻，党总是绝不畏惧、绝不退缩，不怕牺牲、百折不挠。”①

越是接近民族复兴，越不会一帆风顺，越要准备经受风高浪急甚至惊涛骇浪的重大考验，越要敢于发扬顽强斗争精神、付出更多艰苦努力。在重大风险、强大对手面前，还有一些党员干部缺乏斗争精神，斗争本领不强，错误理解“和为贵”，一味讲宽容、讲和气，当老好人，对政治

---

①《习近平谈治国理政》第四卷，外文出版社2022年版，第81页。

原则问题含含糊糊，在大是大非问题上做开明绅士，“总想过太平日子、不想斗争是不切实际的。共产党人任何时候都要有不信邪、不怕鬼、不当软骨头的风骨、气节、胆魄”[①]。因此，新时代共产党人要清醒地认识新征程的前进性和曲折性，要充分认识伟大斗争的长期性、复杂性、艰巨性，在斗争中学会斗争，在斗争中成长提高，努力成为敢于斗争、善于斗争的勇士，以敢于斗争之慧心掌握斗争规律，提高斗争智慧，增强斗争精神，增长斗争勇气，增进斗争本领。

（二）善于斗争是赢得胜利的途径

170 多年来，在马克思主义的实践道路上，呈现出积极应对斗争，主动迎战斗争，绝不惧怕斗争，在斗争中领悟真理，在斗争中发展规律的世界图景。共产党人既敢于斗争，敢于坚守原则、立场；又善于斗争，善于运用经验、智慧。简单地说，共产党人开展大无畏斗争的背后，是马克思主义者卓绝智慧的智力支撑。它来自不断进行唯物辩证法修炼的慧心，即“只要进一步发挥我们的唯物主义论点，并且把它应用于现时代，一个强大的、一切时代中最强大的革命远景就会立即展现在我们面前”[②]。因此，今天乃至未来，共产党人提升敢于斗争之勇气、决心，就要善于斗争，就要“学习掌握唯物辩证法的根本方法，不断增强辩证思维能力，提高驾驭复杂局面、处理复杂问题的本领”[③]。

敢于斗争之慧心，就是主体要把握“至理”的心智能量，即把握规律的领悟力。规律是敢于斗争之慧心的关键所在，也是唯物辩证法的重

①《习近平谈治国理政》第四卷，外文出版社 2022 年版，第 533 页。

②《马克思恩格斯选集》第二卷，人民出版社 2012 年版，第 9 页。

③《习近平总书记系列重要讲话读本》，学习出版社、人民出版社 2016 年版，第 280 页。

中之重。马克思主义指出，物质外在表现为运动和变化，而物质的内部却拥有稳定态和恒定性，即“本质的关系或本质之间的关系”[①]，这就是规律。规律不是人通过感官认识直接把握的，而是人运用理性思维的结果。马克思和恩格斯将规律划分为自然规律、历史规律和思维规律。同时，对待规律的态度也成为马克思主义哲学区别于以往任何哲学的独特之处。对此，毛泽东曾精辟地指出：“马克思主义的哲学认为十分重要的问题，不在于懂得了客观世界的规律性，因而能够解释世界，而在于拿了这种对于客观规律性的认识去能动地改造世界。”[②]把能动地改变世界作为目标的马克思主义，以承认不以人的意志为转移的自然规律为前提，以思维规律和历史规律为引领，变人的被动存在为主动作为。在此基础上，列宁对规律和辩证法之间的关系作了进一步阐释和凝练，他指出：“可以把辩证法简要地规定为关于对立面的统一的学说。这样就会抓住辩证法的核心”，“统一物之分为两个部分以及对它的矛盾着的部分的认识，是辩证法的实质”。[③]对立统一规律构成了辩证法的核心，对立统一揭示了事物本质层面联系与发展的特征。一个事物的内部由两个互相对立的部分构成，两者又处于统一的状态中；事物与事物之间同样既相互对立、对抗，又在一定条件下共处、共存。因此，全体事物皆以对立统一为作用力，包括事物的运动、变化、联系、发展。

马克思和恩格斯领导无产阶级敢于与资产阶级展开勇猛顽强、决不妥协的阶级斗争的重要支撑之一，就是发现并掌握了唯物辩证法，进而具备了善于斗争的能力。“辩证法，在其合理形态上，引起资产阶级及其

---

①《列宁全集》第五十五卷，人民出版社 2017 年版，第 128 页。

②《毛泽东选集》第一卷，人民出版社 1991 年版，第 292 页。

③《列宁全集》第五十五卷，人民出版社 2017 年版，第 192、305 页。

空论主义的代言人的恼怒和恐怖，因为辩证法在对现存事物的肯定的理解中同时包含对现存事物的否定的理解，即对现存事物的必然灭亡的理解；辩证法对每一种既成的形式都是从不断的运动中，因而也是从它的暂时性方面去理解；辩证法不崇拜任何东西，按其本质来说，它是批判的和革命的。”①马克思和恩格斯运用唯物辩证法，剖析并揭示了资产阶级获取国家政权的秘密，资产阶级不是所谓的“天命授予”，而是与封建贵族进行阶级斗争的结果；资产阶级也绝不是完美正义的化身，而是在利用和欺骗曾经并肩战斗的无产阶级战友抢夺政权后，便把无产阶级踩在脚下，进行残酷的剥削和压榨。因此，当无产阶级利用唯物辩证法发现了资产阶级夺得政权的秘密、榨取工人剩余价值的秘密、资本使人异化的秘密、资本主义经济危机的秘密后，“对实践的唯物主义者即共产主义者来说，全部问题都在于使现存世界革命化，实际地反对并改变现存的事物”②。作为与文化时刻相伴的“文人”，马克思自信地提出：“批判的武器当然不能代替武器的批判，物质力量只能用物质力量来摧毁；但是理论一经掌握群众，也会变成物质力量。”③作为把马克思主义与工人运动相结合、与创建无产阶级政党相结合的行动者，恩格斯自信地表明：“一个民族要想站在科学的最高峰，就一刻也不能没有理论思维。”④实践证明，唯物辩证法所灌溉的慧心，使无产阶级革命者具有了善于斗争的智慧、策略、方法及精神能量，进而筑牢了无产阶级革命者敢于斗争的意志和勇气。

①《马克思恩格斯选集》第二卷，人民出版社 2012 年版，第 94 页。
②《马克思恩格斯选集》第一卷，人民出版社 2012 年版，第 155 页。
③《马克思恩格斯选集》第一卷，人民出版社 2012 年版，第 9 页。
④《马克思恩格斯选集》第三卷，人民出版社 2012 年版，第 875 页。

在敢于斗争的实践道路上，马克思主义者最难抉择的不是与外部敌人展开艰苦搏杀，而是如何正确理解无产阶级政党内部的斗争。这才是对无产阶级政党敢于斗争信心与决心的真正考验。为什么无产阶级政党内部会有尖锐的冲突和斗争？通过革命实践，列宁提出，辩证法研究的是思维对象的本质，是本质所展现的矛盾。毛泽东则进一步指出：“有条件的相对的同一性和无条件的绝对的斗争性相结合，构成了一切事物的矛盾运动。”[①]简单地说，就是任何事物的内部都有矛盾，且矛盾的斗争性是绝对的、无条件的。无产阶级政党内部也必然存在矛盾，其表现是尖锐的冲突和斗争，这是绝对的、无条件的，是不以人的意志为转移的。要想处理好无产阶级政党内部的冲突斗争，就要认识和利用矛盾的同一性。矛盾同一性的核心内容有三点：其一，矛盾双方在相互依存中得以存在和发展，一方的存在与发展皆以另一方的存在发展为条件和前提；其二，矛盾的双方总是包含着可以彼此利用的某些因素，矛盾双方相互吸收有利于自身的因素；其三，矛盾双方在共存共处中交汇贯通，这种相互作用规定着事物未来发展的趋向。实践证明，只要以矛盾为切入点，对矛盾普遍性与特殊性、同一性与斗争性能够精准认识、正确引领，党内斗争就不仅不会消耗革命力量，反而会促进对真理的深入认识，对规律的深度掌握。这个道理已经被中国共产党百年实践取得的成功经验所证实。

---

①《毛泽东选集》第二卷，人民出版社 1991 年版，第 333 页。

二、以史为鉴，增长斗争辩证法的慧心

人类社会发展规律充分表明，斗争无时不在、无处不有。当前，世界百年未有之大变局加速演进，中华民族伟大复兴进入关键时期，面对明显增多的风险挑战，异常复杂的斗争环境，习近平总书记指出：“我们要总结运用好党积累的伟大斗争经验，坚持底线思维，增强忧患意识，发扬斗争精神，掌握斗争策略，练就斗争本领，保持越是艰险越向前的大无畏气概，有效应对前进道路上各种可以预料和难以预料的风险挑战。”[①]新时代，中国共产党人虽身处和平与发展的国际环境，却不可盲目跟从感官判断和表象驱使，而对暗流涌动的矛盾、冲突的复杂性、长期性、艰巨性不正视、不辨析、不思考；新时代，作为中国工人阶级的先锋队，中国人民和中华民族的先锋队，中国共产党既要团结各方力量，凝聚人心、形成共识，更要坚持原则、敢于斗争。中庸思想是儒家政治智慧的重要内容之一，其主张“中也者，天下之大本也；和也者，天下之达道也，致中和，天地位焉，万物育焉”[②]。如何达到“致中和”的慧心妙用之境界？靠的就是实践。中国共产党的百年实践，尤其是以毛泽东同志为主要代表的中国共产党人精妙发挥唯物辩证法取得的现实胜利是最生动、最有说服力的教科书。因此，新时代共产党人“对历史进程的认识越全面，对历史规律的把握越深刻，党的历史智慧越丰富，对前途的掌握就越主动”[③]。

---

①《习近平谈治国理政》第四卷，外文出版社 2022 年版，第 547 页。

②（宋）朱熹撰：《四书章句集注·中庸章句》，中华书局 2011 年版，第 20 页。

③《习近平谈治国理政》第四卷，外文出版社 2022 年版，第 545 页。

（一）抓住主要矛盾方能以斗争促团结

在中国革命和建设的实践中，毛泽东由于揭示了矛盾规律，进而创造性地发展了唯物辩证法。毛泽东指出：“对于物质的每一种运动形式，必须注意它和其他各种运动形式的共同点。但是，尤其重要的，成为我们认识事物的基础的东西，则是必须注意它的特殊点，就是说，注意它和其他运动形式的质的区别。”① 中国共产党是一个十分注重总结经验教训、不断进行自我反思的党。毛泽东在中央苏区时曾说过，我们党的事业向前发展，一靠“团结”，二靠“总结”。统一战线就是在关注不同社会政治力量的共同目标基础上建立的政治联盟或联合，这就是所谓的共同点。其特殊点就是，它是无产阶级及其政党的战略策略。作为中国共产党在中国革命中战胜敌人的三大法宝之一，统一战线在中国革命、建设和改革的各个历史时期发挥了至关重要的作用。坚持统一战线，是中国共产党百年奋斗的历史经验之一。建立统一战线与开展统一战线工作是最考验中国共产党的斗争智慧、斗争策略与斗争方法的。中国共产党领导的统一战线之所以使团结与原则有机统一，中国共产党之所以能始终掌握统一战线的领导权，是因为中国共产党人抓住了主要矛盾及矛盾的主要方面。

中国共产党领导的革命与建设，其主要矛盾是解决“依靠谁”的问题。“早在第一次国内革命战争时期，毛泽东就指出，谁是我们的敌人，谁是我们的朋友，这是中国革命的首要问题。”②毛泽东从联系、发展的观点出发，认为中国是世界上最古老的农业大国，农民是中华民族最具代

①《毛泽东选集》第一卷，人民出版社 1991 年版，第 308 页。

②《社会主义发展简史》编写组编著：《社会主义发展简史》，人民出版社、学习出版社 2021 年版，第 139 页。

表性的群体，中国历史上爆发的农民起义从数量到规模皆世所罕见，每一次农民起义都对当时的封建统治构成巨大冲击。尤其到了近代，“中国的广大人民，尤其是农民，日益贫困化以至大批地破产，他们过着饥寒交迫的和毫无政治权利的生活。中国人民的贫困和不自由的程度，是世界所少见的”[①]。由此，毛泽东清醒认识到“每一事物的运动都和它的周围其他事物互相联系着和互相影响着”[②]，他发现正是“由于从破产农民出身的成分占多数，中国无产阶级和广大的农民有一种天然的联系，便利于他们和农民结成亲密的联盟”[③]，而且在他们内部还孕育了最强烈、最汹涌的革命力量。因此，毛泽东果断提出，如果“全国三万万以上农民群众当中……可以得到三千万以上有组织的农民”，“有了这几个重要省份的农民起来，其余省份的农民便都容易跟着起来……国民革命才能得着确实的胜利”。[④]因此，“中国革命要有一个农村的大变动，农民是中国革命的主力军”[⑤]。土地革命时期，中国共产党建立起包括工、农、知识分子和其他劳动者，以及非劳动者的工农民主统一战线，解决了依靠谁的主要矛盾，还确定了矛盾的主要方面。中国革命的核心问题是农民问题，而农民问题的关键则是土地问题。事实证明，随着土地革命实践的深入开展，在不断深化对土地改革规律和客观现实认识的基础上，修订完善后的土地改革政策越来越符合广大农民的需要，越来越受到广大农民的支持和拥护，也由此迸发出变革现实的巨大力量。正因为获得了以农民和工人

---

①《毛泽东选集》第二卷，人民出版社 1991 年版，第 631 页。

②《毛泽东选集》第一卷，人民出版社 1991 年版，第 301 页。

③《毛泽东选集》第二卷，人民出版社 1991 年版，第 644 页。

④《毛泽东文集》第一卷，人民出版社 1993 年版，第 39 页。

⑤《社会主义发展简史》编写组编著：《社会主义发展简史》，人民出版社、学习出版社 2021 年版，第 140 页。

为主体的广大人民群众的坚定支持，中国共产党才能根据各个历史时期中心任务和形势要求建立起由不同阶级、阶层构成的统一战线，才能在统一战线中牢牢掌握领导权。

新中国成立后，毛泽东提出了“中国共产党万岁”“各民主党派万岁”的口号，党和人民赋予由民族资产阶级、小资产阶级和知识分子中的政治代表人物组建的各民主党派监督执政党的权利。同时，毛泽东教育全党：“我们有两个联盟、两种合作。一种是工人阶级和农民的联盟，就是劳动人民的联盟；一种是工人阶级和剥削者的联盟，跟资产阶级的联盟。头一个联盟为后一个联盟的基础，没有头一个联盟，我们就没有力量。必须有这个联盟，才有力量去联合那些可以合作的剥削者，他们才会同我们合作。”①敢于斗争就是共产党人敢于坚守原则和立场，共产党人讲原则就是为了促团结。早在 1945 年，毛泽东在七大预备会议上就鲜明提出：“团结一致、争取胜利。简单讲，就是一个团结，一个胜利。胜利是指我们的目标，团结是指我们的阵线，我们的队伍。我们要有一个团结的队伍去打倒我们的敌人，争取胜利，而队伍中间最主要的、起领导作用的，是我们的党。没有我们的党，中国人民要胜利是不可能的。”②中国共产党取得胜利的关键是要实现“两个团结”。毛泽东评价“有两种团结是绝对必要的：一种是党内的团结，一种是党同人民的团结。这些就是战胜艰难环境的无价之宝，全党同志必须珍爱这两个无价之宝”③。“两个团结”中，党内团结是根本，是对共产党人德、能、党性的艰巨考验。“在党内，

① 中共中央统战部研究室编：《历次全国统战工作会议概况和文献》，中国档案出版社 1988 年版，第 127 页。

②《毛泽东文集》第三卷，人民出版社 1996 年版，第 287 页。

③《毛泽东文集》第三卷，人民出版社 1996 年版，第 22 页。

在革命队伍内，我们有一条方针，就是团结，在原则基础上的团结”[①]，以讲原则促团结。“对犯错误的同志，一只手跟他作斗争，一只手跟他讲团结。斗争的目的是坚持马克思主义原则，这叫原则性，这是一只手。另一只手讲团结，团结的目的是给他一条出路，跟他讲妥协，这叫做灵活性。原则性和灵活性的统一，是马克思列宁主义的原则，这是一种对立面的统一。”[②]为了实现真正的团结，就必须充分正视党内存在的矛盾、冲突，并在一定条件下将矛盾、冲突转化为有利于团结的因素，这就是贯彻唯物辩证法的具体体现。“在一九四二年，我们曾经把解决人民内部矛盾的这种民主的方法，具体化为一个公式，叫做‘团结——批评——团结’。讲详细一点，就是从团结的愿望出发，经过批评或者斗争使矛盾得到解决，从而在新的基础上达到新的团结。”“这个方法是在一九四二年整风的时候采用的。经过几年之后，到一九四五年中国共产党召开第七次全国代表大会的时候，果然达到了全党团结的目的，因此就取得了人民革命的伟大胜利。”[③]

中国共产党的百年奋斗历程充分证明：“党始终坚持大团结大联合，团结一切可以团结的力量，调动一切可以调动的积极因素，促进政党关系、民族关系、宗教关系、阶层关系、海内外同胞关系和谐，最大限度凝聚起共同奋斗的力量”[④]，克服了一个又一个风险挑战，取得了一个又一个胜利。由此可见，共产党人只有不断活学活用敢于斗争之慧心、创造

①《毛泽东文集》第三卷，人民出版社 1996 年版，第 300 页。
②《毛泽东文集》第七卷，人民出版社 1999 年版，第 332 页。
③《毛泽东文集》第七卷，人民出版社 1999 年版，第 210 页。
④《中共中央关于党的百年奋斗重大成就和历史经验的决议》，人民出版社 2021 年版，第 70 页。

性地发展唯物辩证法，只有准确把握主要矛盾及矛盾的主要方面，才能以斗争促团结，才能在错综复杂的社会关系中占据主导地位，才能始终掌握马克思主义的政治方向，才能维护好、实现好、发展好最广大人民的根本利益。同时，在这个过程中，共产党人敢于斗争之慧心还自觉接受了一对共生关系——矛盾与进步。

（二）以斗争促进步的关键是胸襟博大

中国共产党是在与矛盾共生中成长、发展、壮大的。中国共产党自诞生以来，共产党人就面对着敌人的异常强大、物资的匮乏、群众文化观念落后、党内思想不统一等矛盾，始终与困难相伴、与艰辛共生、与风险挑战并存。毛泽东曾感慨万分地指出：“我们的战争，是在困难环境之中进行的。广大人民群众的民族觉悟、民族自尊心和自信心的不足，大多数民众的无组织，军力的不坚强，经济的落后，政治的不民主，腐败现象和悲观情绪的存在，统一战线内部的不团结、不巩固等等，形成了这种困难环境。因此，共产党员不能不自觉地担负起团结全国人民克服各种不良现象的重大的责任。在这里，共产党员的先锋作用和模范作用是十分重要的。”①

从敢于斗争的角度说，共产党员的先锋作用和模范作用就是勇气和坚韧。“只有经常接近广大的群众，才能增加自己的勇气。一个人坐在房子里孤陋寡闻，这样不行，应该在千军万马中敢于与人家来往，说服教育人家，向人家学习，团结最广大的人们一道斗争，这样才算有勇气，

①《毛泽东选集》第二卷，人民出版社 1991 年版，第 521—522 页。

这种人叫做有大勇。”[①] 以毛泽东同志为主要代表的中国共产党人正是因为具有敢于斗争的勇气，敢于走出书斋，一头扎进最贫苦人民群众的生活中，与人民群众一起忍饥挨饿，并肩作战，共度生死，才锻炼出实干家的本领，才将高远理想转化为阶段性任务，才将阶段性任务分解为实施细节，切实提高了人民群众的生产生活水平，获取了人民群众的信任，赢得了人民群众的拥护。

“无论什么世界，当然特别是阶级社会，都是充满着矛盾的。”[②] 共产党人从不幻想可以一劳永逸地解决全部矛盾，而是坚韧顽强地扎根矛盾，直视冲突，从中发现规律，利用规律，不断提升自己的工作能力与心理承受力。矛盾的解决，首先来自正确意见的提出，而“正确的意见常常是要经过许多等待、迂回才能取得胜利，为大家所接受。当然这个等待过程是痛苦的”。“但是我们这个落后的中国社会，反映到党内，反映到革命团体里，正确的意见常常不容易被大家立刻认识。这样就要等待、说服，就要经过痛苦的过程。”[③] 毛泽东最早发现马克思列宁主义必须与中国具体实际相结合，他也提出了军事上、政治上一系列符合实际的正确主张，却遭到党内绝大多数人的反对。这时，他选择服从党组织的决定，默默等待；等到时机来了，同志们意识到自己过去的错误时，他就细致、耐心地讲解、分析，不厌其烦，直至多数同志接受正确的主张。在宣传真理、争取多数人支持的艰难曲折的过程中，以毛泽东同志为主要代表的中国共产党人承受了巨大的心理压力，磨砺出了极为坚韧的意志品质，更领悟了矛盾是促使个人与团体进步、发展、强大的动力。

---

①《周恩来选集》上卷，人民出版社 1980 年版，第 330 页。

②《毛泽东文集》第七卷，人民出版社 1999 年版，第 332 页。

③《周恩来选集》上卷，人民出版社 1980 年版，第 337—338 页。

为什么共产党员能够发挥先锋作用和模范作用？或者说共产党人斗争的勇气、坚韧到底从哪里来？唯物辩证法、对立统一规律、矛盾规律，不仅是针对外在敌人的革命武器，更是自我革命的武器。当马克思主义者承认事物的本质包含矛盾，矛盾是一切现存事物运动变化的根本动力的同时，也就接受了一个事物在本质上既与自身同一，更与自身对立的客观现实。马克思主义者“只有承认每一事物的本质中都包含着肯定自身和否定自身两种对立的因素，才能把事物的运动理解为是事物自己的运动、自生的运动，才能真正达到对事物的辩证理解”[①]。简单地说，就是马克思主义者必须首先接受自己体内具有一种否定性的力量，自己的生命不是生而既成，而是要在持续自我否定中变化、完善、发展。而促成自我完善的就是社会实践，就是带领人民打破少数人剥削多数人的不平等的经济制度和政治制度，实现“每个人自由而全面发展”的共产主义社会的实践。因此，共产党员能发挥先锋作用和模范作用，是因为“在实践方面，共产党人是各国工人政党中最坚决的、始终起推动作用的部分；在理论方面，他们胜过其余无产阶级群众的地方在于他们了解无产阶级运动的条件、进程和一般结果”[②]。

与此同时，中国共产党人不仅坚持马克思主义，还传承中华优秀传统文化。习近平总书记指出：“中华民族历来讲求‘天下一家’，主张民胞物与、协和万邦、天下大同，憧憬‘大道之行，天下为公’的美好世界。”[③]共产党员能发挥先锋作用和模范作用，具有斗争的勇气和坚韧，源

① 陈先达、杨耕编著：《马克思主义哲学原理》（第3版），中国人民大学出版社2010年版，第119页。

② 马克思、恩格斯：《共产党宣言》，人民出版社2014年版，第41页。

③ 翟崑：《天下为公：习近平总书记的天下观》，《人民论坛》2022年第18期。

自中华民族深厚的文化底蕴，源自对中华传统天下观的赓续与发展。共产党人自觉并主动接受矛盾斗争性规律，敢于将自己的整个生命深深扎根于自我否定的土壤里，敢于做与世俗决裂的“逆行者”，为全人类奉献自身的全部精力。在与矛盾共存共生的实践中持续斗争，关键在于其博大的胸襟，在于其胸怀天下的情怀与格局。100多年来，共产党人审视时代大势，把握历史主动，致力于和而不同的价值追求，从人类发展大潮流、世界变化大格局、中国发展大历史的高度，正确认识和处理同志之间、自身与外部世界的关系，实现了中国传统天下观的创造性转化和创新性发展，形成了人类命运共同体理念，充分彰显了超凡的勇气、博大的胸襟、深厚的情怀、宏大的愿景。为建成社会主义现代化强国、实现第二个百年奋斗目标，习近平总书记在党的二十大报告中向全体党员提出要求，他强调：“我们要拓展世界眼光，深刻洞察人类发展进步潮流，积极回应各国人民普遍关切，为解决人类面临的共同问题作出贡献，以海纳百川的宽阔胸襟借鉴吸收人类一切优秀文明成果，推动建设更加美好的世界。”①

三、“两个结合”，培植斗争之智慧

“历史发展是连续性和阶段性的统一，一个时期有一个时期的历史使命和任务，一代人有一代人的历史担当和责任。”②新时代新征程上，党和人民面临的风险考验将始终与实现第二个百年奋斗目标相伴随。在重

---

①《习近平谈治国理政》第四卷，外文出版社2022年版，第82页。

②《习近平著作选读》第一卷，人民出版社2023年版，第18页。

大风险、强大对手面前，总想过太平日子、不想斗争是不切实际的，得“软骨病”、患“恐惧症”是无济于事的。唯有主动迎战、坚决斗争才有生路出路，才能赢得尊严、求得发展，逃避退缩、妥协退让只会招致失败和屈辱，只能是死路一条。因此，“共产党人讲党性、讲原则，就要讲斗争”[①]。当前，激发共产党人发扬斗争精神的因素有两个：其一，找准躲避斗争的心理出处，纠正对“和合文化”的误解、歪曲；其二，体悟辩证法的道德属性，筑牢持续斗争的精神根基。

（一）“和合”是对立统一的“生生”

“问题是时代的声音，回答并指导解决问题是理论的根本任务。”[②]目前，在党的队伍中，有些党员干部八面玲珑、左右逢源，说话办事看来头、看风向，随波漂、随风倒，逃避斗争、规避斗争，自己不斗争，也阻止周围人开展斗争。“大量事实表明，一些地方和单位正气不彰、邪气蔓延，工作局面长期打不开，矛盾问题积累一大堆，同好人主义的盛行有密不可分的关系。”[③]这些行为的背后，是所谓“和合文化”的驱使。在一些学者提出“和合文化”“和合精神”是中华优秀传统文化内核的同时，另一些人就将“和合”解读为宽容、和气，不与人争、不问是非、不讲原则、不顾底线，对“以和为贵”念兹在兹。这既是对古代“和合”思想内涵的严重歪曲和误解，也是部分党员干部逃避斗争的借口和心理缘由。

“和合”即“生生”。“生生”是在对立统一中产生、发展、壮大、强

---

①《习近平谈治国理政》第四卷，外文出版社 2022 年版，第 532 页。

②《习近平著作选读》第一卷，人民出版社 2023 年版，第 17 页。

③《习近平谈治国理政》第四卷，外文出版社 2022 年版，第 532 页。

固的，而“和合”就是在矛盾斗争中“生生”的。源自春秋战国的中国古代辩证法，始终将“和合”思想作为其核心内容。《周易·乾·彖》云：“乾道变化，各正性命，保合太和，乃利贞。”[①]《国语·郑语》云：“夫和实生物，同则不继。以他平他谓之和，故能丰长而物归之。”[②]《荀子·礼论》曰：“天地合而万物生。”[③]《吕氏春秋》言：“天地和合，生之大经。”[④]由此可见，古人从天地万物的存在样态中，总结了“和合”即“生生”的客观规律。“和合”状态是万物产生、生长、壮大的源头，“和合”不是目的，“生生”才是目的。与此对应，古人总结出符合客观规律的主观规律，即效法自然“和合”生态，在治理社会和修养身心上，用“和合之道”促进社会进步与个人道德提升。《周易·乾·文言》云：“夫‘大人’者，与天地合其德，与日月合其明，与四时合其序。”[⑤]《论语·子路》言：“君子和而不同，小人同而不和。”[⑥]这些观点都是强调个人进行道德修养时要参照天地生化万物的规律，要以激发生命创造能量作为立身处世的目的。不仅如此，“和合”与“生生”还是古代政治治理的核心理念。《论语·学而》有云：“礼之用，和为贵。先王之道，斯为美。”[⑦]儒家提出“和”是治理国家的最高准则，是治国理政的理想境界，也是评价国家治理水平的标准。2000 多年来，中华民族始终追求人伦和睦，始终倡导社会和谐，却在专制的经济社会中产生了奴性意识与奴才行为。其具体表

---

①（魏）王弼撰，楼宇烈校释：《周易注校释》，中华书局 2012 年版，第 2 页。

②《国语》，中华书局 2014 年版，第 322 页。

③《荀子》，中华书局 2016 年版，第 190 页。

④ 许维遹撰：《吕氏春秋集释》，中华书局 2016 年版，第 238 页。

⑤（魏）王弼撰，楼宇烈校释：《周易注校释》，中华书局 2012 年版，第 5 页。

⑥（宋）朱熹撰：《四书章句集注》，中华书局 2011 年版，第 139 页。

⑦（宋）朱熹撰：《四书章句集注》，中华书局 2011 年版，第 53 页。

现为，面对争端，不据理力争，而是息事宁人、“大事化了，小事化无”；面对剥削，安于现状、安守本分，不能反抗；回避斗争、逃避斗争、压制斗争、反对斗争；不正视主动斗争与求得机遇的统一性，忍辱求全，含垢忍辱，落后挨打。奴性意识与奴才行为，使得创造了灿烂文明的中华民族一步一步沦为“丧家”之国、奴隶之邦，造成了近代中华民族以一派衰败凋零的景象呈现在世界面前。

在专制条件下，社会治理与道德修身的“和合之道”没有带来“生”，反而造成了“败、毁、灭”，究其根源在于在实践中只取“和合”的表层意向，而全然抛弃了促“生生”的“和合”的辩证内涵。100多年来，中国共产党领导人民不懈奋斗、不断进取，使中华民族展现出一派欣欣向荣的气象，使中国人民焕发出前所未有的历史主动精神、历史创造精神。为实现中华民族伟大复兴的中国梦，共产党人构建敢于斗争之慧心，需要重新挖掘古代唯物辩证法的“和合”内涵，真正还其本意，以斗争促“和合”。对此，张载曾指出：“气本之虚则湛一无形，感而生则聚而有象。有象斯有对，对必反其为；有反斯有仇，仇必和而解。故爱恶之情同出于太虚，而卒归于物欲，倏而生，忽而成，不容有毫发之间，其神矣夫！”① 事物自身及事物之间是在变化中逐步趋于完善的，推动变化的动力是矛盾。具体来说，从一个阶段着眼，事物处于对立状态中的要素相互争夺、相互斗争，也相互汲取对方的要素，完成了暂时的统一，即“有象斯有对，对必反其为；有反斯有仇，仇必和而解”；紧接着，当下个阶段开始时，新的对立再次产生，再次形成包含斗争在内的

①（宋）张载著，张锡琛点校：《张载集·正蒙·太和篇第一》，中华书局1978年版，第10页。

相互作用，再次完成本阶段的暂时的统一。周而复始，自然界、人类社会、人的思维皆在对立统一的作用下、在矛盾的驱动中，运动变化；生命的洪流，虽有起有落、浮沉升降，却始终不竭不灭、生生不息。由此可见，如果将斗争性从“和合”中强行剥离，“生生”必灭，生命必将枯萎，近代中华民族接近亡国灭种的悲惨命运就是最好的证明。

如果始终处于矛盾和斗争的变化不息中，人类需要获得的安顿、归宿何在？这个问题王夫之曾这样说：“以气化言之，阴阳各成其象，则相为对，刚柔、寒温、生杀，必相反而相为仇；乃其究也，互以相成，无终相敌之理，而解散仍返于太虚。以在人之性情言之，已成形则与物为对，而利于物者损于己，利于己者损于物，必相反而仇；然终不能不取物以自益也，和而解矣。”①王夫之也以“对”“仇”“和”“解”描述辩证法的力量，他比张载更注重刻画自然辩证法（天）和社会辩证法、思维辩证法（人）的具体样态与共通所在。大自然在刚柔、寒温、生杀的交互作用下产生了一年四季，带来了万物生生不息，在周而复始中，宇宙能量不但没有消耗殆尽，创生之力反而更加充沛旺盛；同理，人与人之间，人自己的身心之间，在关系产生的冲突、交流、对抗、合作过程中，社会在向前发展，人的知行能力在不断提升，人类积累了丰厚的物质财富与精神财富。由此可见，对立、斗争、矛盾带来的是渗透、吸纳、汲取，是生发、生长、生力。自然而然，共产党人的创生力不能离开斗争，共产党人的创造力不能离开斗争，中国人民的生命力也不能离开斗争，中华民族的“和谐”“和合”需要斗争精神保驾护航！

---

①（明）王夫之：《船山全书·张子正蒙注·太和篇》第十二册，岳麓书社1996年版，第41页。

（二）树立道德本心方能掌握辩证智慧

当前，党内一些党员干部存在回避是非、逃避斗争、拒绝担当、无所作为的问题，其表层原因是不去努力学习唯物辩证法，深层原因则是，这些人不直面自己的本心和良知，把心、良知、志向等精神领域的核心范畴视作与马克思主义不相容的唯心主义，对人的道德本心从来都不听、不看、不信、不悟，只崇拜权力、金钱、地位、名望这些眼前利益，只为个人和家庭的私利全力打拼。如此全力以赴把自己深埋在物质利益的深坑中，一旦手握公权，如何能做到不想腐！即使面对不能腐的外在高压，暂时戴上不敢腐的伪装面具，终将陷入腐化堕落的妖娆诱惑，终将蠹政害民！

马克思主义始终强调立场、观点、方法相互统一，唯物辩证法始终以无产阶级立场为方向、为指针，如果脱离为无产阶级事业奋斗终身这一根本目标，唯物辩证法将被世俗化为谋取私利的卑劣工具。中国共产党的宗旨是全心全意为人民服务，共产党人的初心和使命是为中国人民谋幸福、为中华民族谋复兴，发展经济、治理社会、健全法治、发展文化等各项工作的开展、各种方法的运用，如果脱离了根本宗旨与初心使命这根指挥棒，如果不坚持人民至上这一根本立场，就会沦落成追名逐利、自私自利、知行分裂的事务主义者甚至变成“两面人”。因此，看似务虚的理想信念、宗旨意识、立场问题早已在中华优秀传统文化中被表述为道德本心、道德良知、天命之性、人心之主等，被中国历代杰出思想家专心研究了上千年。新时代共产党人要深刻领悟“两个结合”。如果对中华优秀传统文化的道德本心不予理会，将无从体悟传统文化之精髓，将会彻底关闭马克思主义与中华优秀传统文化之间深层交融的大门，对斗争辩证法的智慧也只能观其行，无法会其神。中华优秀传统文化始终强调德、能一体交互，始终强调知、情、意贯通，始终倡导心统性情、心通智虑。“心”一旦被淤堵住，再努力钻营，终究也是“小打小算小机谋”，最终只能落得“多行不义必自毙”“积恶之家，必有余殃”。

古代儒家将老实作为治学求道的第一前提，即“泛爱众，而亲仁；有余力，则学文”。孔子周游列国十四年，以“不得志的下场”回到鲁国后，年近七十岁，“韦编三绝”，阐释《周易》的辩证法。孔子提出：“能者由一求之，所谓得一而群毕者，此之谓也。”[①]这个“一”就是孔子提出的“吾道一以贯之”，就是在不被社会主流接受，不被绝大多数人理解，不断遭受社会否定、拒绝、质疑的苦难境遇中，顽强坚守仁义理想，坚毅探索仁义的实现途径，也就是儒家敢于斗争、善于斗争的道德本心。因此，孔子对《周易》的辩证法作出了“天人合一”的精要概括，即“是以立天之道曰阴与阳，立地之道曰柔与刚，立人之道曰仁与义”[②]。张载《正蒙·大易》有言：“易为君子谋，不为小人谋。”儒家研究事物也分析福祸，也观察悔吝，也总结成败，但，其出发点与落脚点不是为了钻营升官发财的门道，而是直面外界对自身承载道义的态度，正视自己的情、欲、心在道德实践的成败面前所呈现的坚守、挣扎、逃避、反省等动作形态。正如王夫之所言：“夫性者生理也，日生则日成也。”“天命之谓性，命日受则性日生矣。目日生视，耳日生听，心日生思，行受以为器，气受以为充，理受以为德。……是以君子自强不息，而择之、守

① 廖明春：《马王堆帛书〈周易〉经传释文》，四川大学出版社 1988 年版，第 32 页。

② （魏）王弼撰，楼宇烈校释：《周易注校释·说卦》，中华书局 2012 年版，第 258—259 页。

之、以养性也。于是有生以后，日生之性日善而无有恶焉。”[①]生而为人，人性不是生而即成，而是在寻求“道”、理解“道”、皈依“道”的过程中逐渐塑造的。更重要的是，人在弘扬“道”、践行“道”、持守“道”的实践中遭受不公正的待遇时，情、欲、心遭受的痛击、失望、羞愧，由此滋生出逃避、放弃、伪善、正与邪、是与非，这些在自己的本心上进行激烈的断杀，最终自己作出弃恶扬善之生命抉择！以上内容才是矛盾辩证法、对立统一规律在人最根基的存在状态中被充分验证的真实展现。

新时代共产党人“要善于经一事长一智，由此及彼、举一反三，练就斗争的真本领、真功夫”[②]；要锻炼心志与担当，不断增强进行伟大斗争的意志和本领；要以“诚者天之道，诚之者人之道”的赤诚“悟”马克思主义真理，“行”习近平新时代中国特色社会主义思想；要以“自反而缩，虽千万人，吾往矣”[③]的大忠大勇增强“四个意识”，坚定“四个自信”，深刻领悟“两个确立”，做到“两个维护”，以越是艰险越向前的大无畏气概，有效应对前进道路上各种可以预料和难以预料的风险挑战，推动中国特色社会主义事业航船劈波斩浪、一往无前！

---

①（明）王夫之：《船山全书》第二册，岳麓书社 2011 年版，第 299、301 页。

②《习近平谈治国理政》第四卷，外文出版社 2022 年版，第 80 页。

③（宋）朱熹撰：《四书章句集注·孟子·公孙丑章句上》，中华书局 2011 年版，第 213—214 页。

第八章

自我革命之律心

勇于自我革命，是我们党最鲜明的品格，也是我们党最大的优势。中国共产党的伟大不在于不犯错误，而在于从不讳疾忌医，敢于直面问题，勇于自我革命，具有极强的自我修复能力。

——2017 年 2 月 13 日，习近平总书记在省部级主要领导干部学习贯彻党的十八届六中全会精神专题研讨班上的讲话中国古人常讲：天、地、人合一，以天之道做事，以地之道处世，以人之道律心。常言道“本性难移”。要改造自己的主观世界，要做自己“心”的主人，只能靠律心。律心即净化自己的内心。修好共产党人的“心学”就是以自我革命的方式净化自身的内心，就是要构建自我革命之律心，即对私利的警惕心，以志克欲的自律心，“天爵”境界的韵律心。

一、自我革命之警惕心——私利作祟

“从某种意义上说，自从党成立以来，我们党面临的最大风险是内部变质、变色、变味，丧失马克思主义政党的政治本色，背离党的宗旨而失去最广大人民支持和拥护。”[①]同时，我们党还要正视一个事实，就是“干部的党性修养、思想觉悟、道德水平不会随着党龄的积累而自然提高，也不会随着职务的升迁而自然提高”[②]。共产党人变质、变色、变味的原因是什么？为什么党龄的积累、职务的升迁不能有效提高共产党人的党性修养、思想觉悟和道德水平？究其根本，是因为私利在作祟，物欲在诱惑，贪念在膨胀。因此，共产党人自我革命的主要对象之一是私利、私欲和享乐思想，而修好共产党人的“心学”首先要针对私利作祟修好自我革命之警惕心。党的十八大以来，习近平总书记多次指出要高度重视“两面人”问题，并强调“口是心非的‘两面人’，对党和人民事业危害很大，必须及时把他们辨别出来、清除出去”[③]。“两面人”既是心存远志的共产党人发扬斗争精神、开展自我革命的敌人，也是促进共产党人内观本心的对立面参照。透过“两面人”的行为表现与意识心理，共产党人能够深入探寻个体自我革命之警惕心因何而建、如何切入、何以维系，进而勇毅践之、果决行之。

---

①《习近平谈治国理政》第四卷，外文出版社 2022 年版，第 513—514 页。

②《习近平谈治国理政》第一卷，外文出版社 2018 年版，第 417 页。

③ 习近平：《在第十八届中央纪律检查委员会第六次全体会议上的讲话》，人民出版社 2016 年版，第 20 页。

（一）“两面人”的畸形人格与行为逻辑

“口言善，身行恶，国妖也。”[①]“国妖”恰当地形容了党内存在的一种“恶”的人格样态——“两面人”。“两面人”的畸形人格表现在，“为满足个人私欲形成了对党性原则和公权力规范阳奉阴违的习惯，明显具有知行分离的矛盾性人格特征”[②]。“两面人”不是“千人一面”，恰恰相反，他们是“多人多面”——“有的修身不真修、信仰不真信，很会伪装，喜欢表演作秀，表里不一、欺上瞒下，说一套、做一套，台上一套、台下一套，当面一套、背后一套，手腕高得很；有的公开场合要党员、干部坚定理想信念，背地里自己不敬苍生敬鬼神，笃信风水、迷信‘大师’；有的口头上表态坚定不移反腐败，背地里对涉及领导干部的问题线索不追问、不报告；有的张口‘廉洁’、闭口‘清正’，私底下却疯狂敛财”[③]。河北省委原书记周某在历次大会讲话中都“慷慨陈词”，说要坚决把思想和行动统一到中央反腐倡廉的决策部署上来，提醒领导干部以身作则，坚定不移惩治腐败。但私下里，周某多次在下属面前表达对“党中央不满”，评价中央抓八项规定太严太细，没有必要，认为不能畅快饮酒，没有觥筹交错就不能培养“融洽”的同志情谊。同时，周某面对组织调查，设置各种障碍，直接干扰纪委办案。云南省红河州委原常委、政法委书记和某在专题民主生活会上大谈自己要不断增强党性，要廉洁自律，说老实话、办老实事、做老实人。但当党组织没有在他退休时解决其正厅

① 熊公哲注译：《荀子·大略篇第二十七》，重庆出版社 2008 年版，第 588 页。

② 转引自梁承碧：《政治建设语境下“两面人”问题的治理方略》，《领导科学》2019 年第 10 期。

③ 习近平：《在第十八届中央纪律检查委员会第六次全体会议上的讲话》，人民出版社 2016 年版，第 20 页。

级待遇，和某便先后向中央和云南省寄发了质疑州委主要领导的失实信件，造谣中伤。这些落马官员所思所想、所作所为充分暴露了他们知行分离的畸形人格，体现了“两面人”的典型特征，值得党员干部深刻分析，引以为戒。

“两面人”在中华历史上由来已久，古称“乡愿”。“乡愿”为儒家所恶。孔子将“乡愿”斥为“德之贼”，更指出“乡愿”“恶紫之夺朱也，恶郑声之乱雅乐也，恶利口之覆邦家者”[①]的实质危害。孟子总结“阉然媚于世也者，是乡原也”，并且孟子在同万章的对谈中指出：“非之无举也，刺之无刺也，同乎流俗，合乎污世，居之似忠信，行之似廉洁，众皆悦之，自以为是，而不可与入尧、舜之道，故曰德之贼也。”[②]“乡愿”之人，最擅长揣摩大众心理，也非常善于把自己装扮成讨喜人格。比如，大家都喜欢与忠厚、诚信、清廉的人交朋友，于是“乡愿”便在言谈举止间作出此种样貌，使大众迅速对他们产生好感。但孟子提醒众人，不可与“乡愿”共谋事业，不可对“乡愿”托付真心，因为“乡愿”心无是非、心无原则，见私利而忘道义。

“孔子何以恶乡愿，只为他似忠似廉，无非假面孔；孔子何以弃鄙夫，只因他患得患失，尽是俗人心肠。”[③]周某、和某等党内“两面人”将党性挂在嘴上、写在文章里，对外树立一种清正廉洁、有公德的形象，背地却处心积虑寻找政治生态中的腐败因素，对腐败育之养之、两副面孔，阳媚阴鸷，玩弄权术，这是在私利、私心操控下的主动为恶。因为长期人格分裂、知行分离，“两面人”的内心极为敏感多疑，虚假的“表

① 陈晓芬、王国轩、蓝旭等译：《四书》，中华书局 2017 年版，第 114 页。
②（宋）朱熹撰：《四书章句集注·孟子·尽心章句下》，中华书局 2011 年版，第 350 页。
③（清）王永彬：《围炉夜话》，北京时代华文书局 2021 年版，第 71—72 页。

演”令其内心缺乏安定感，容易产生虚幻感，致使许多“两面人”都成了迷信活动“虔诚”的信徒。重庆市渝北区委原常委吴某某，把坚定共产主义理想挂在嘴上，写到文章里，私下却加入封建迷信组织，还把占卜算卦的“学问”用在工作上；南华大学原副校长全某在忏悔书中写道，自己原本是医学博士，却从一个唯物主义者变成一个唯心主义“宗教徒”，把大量时间花在研究风水、烧香拜佛上。从历史上的“乡愿”到今日的“两面人”，其媚俗与阴暗两面一体，构成了畸形人格，这种畸形背后的“创生者”就是私利、私欲。

“贪人廉，淫人洁，佞人直。”[①] 越是贪婪的人越伪装清廉，越是荒淫的人越伪装纯洁，越是奸诈的人越伪装正直。“两面人”的迷惑性、欺骗性特别强，危害性、危险性也特别大。为了获取一己私利，“两面人”善于发现与利用政治环境与社会环境里的腐败元素，费尽心思以虚假语言与行为讨好上级组织和人民群众，编织种种假象隐藏自己意识深处的真实思想和动作，与党组织的考察、党员群众的监督进行重重博弈，不达私利决不罢休。“乡愿”为儒家所批判，在于其以败德、失礼破坏秩序的建构。而今，党内的“两面人”正如“乡愿”一般，以“媚柔而不立”“诈伪而不诚”“逐利而忘义”“似是而非是”使自身丧失了道德人格，进而扰乱党的政治生态，败坏党的形象和权威。

明末思想家顾允成指出：“三代而下，只是乡愿一班人，名利兼收，便宜受用。虽不犯乎弑君弑父，而自为忒重，实埋下弑君弑父种子。”[②] 党内“两面人”的行为动机和准则完全是为了满足私利。对待私利，“两

---

① 转引自吴小如：《说王安石〈知人〉》，《名作欣赏》1992 年第 4 期。

② 转引自叶韬：《论乡愿》，《学理论》2014 年第 18 期。

面人”不是头脑懵懂、目标模糊的盲动者，而是理性投机者。为了满足不断膨胀的贪念和私欲，“两面人”认真算计个人得失，积极谋划个人利益最大化的目标和实现路径，通过巧言令色伪装自己，投机钻营，处处时时捕捉、发现、诱引上级领导的私欲私心，投其所好，投奔麾下，沆瀣一气；取得一定职位后，为了确保既得利益永久傍身，“两面人”奉行“顺我者昌，逆我者亡”规则，搞“独立王国”，形成利益共同体，对身边原则性强的“老实人”排挤打击，积极招揽吸纳投机分子，大搞人身依附，形成以自己为中心的“圈子”。

不同类型的“两面人”有各自的行为轨迹。“两面人”大致分两类：第一类“两面人”是不具真才实干本领的蜕变分子。这类“两面人”最善于发现、结交私利重、私心大的上级，最善于做人际关系文章、形式主义文章。他们只作“邮递员”“传声筒”，把全部工作都落在召开会议和撰写材料中，以形式上的积极工作掩盖实质上的不作为、不担当，而将全部精力都投入依附结党的钻营中。此种“两面人”，外有形式主义假作为的障眼法，内有腐败利益集团的暗中庇护，借此在干事创业中，不学无术、浑水摸鱼、滥竽充数；在谋取私利上，大胆谋划、主动出击、铤而走险。第二类“两面人”是前半生“实干”，后半生搞投机的蜕变分子。起初，这类人对待工作积极谋划，真抓实干，摸索出了一套干事创业的办法。但他们始终对自己思想意识领域的监督、对党性修养不屑一顾，不正视私欲的滋生、公心的消减，不贯彻“不以善小而不为，不以恶小而为之”，一旦积累了“政绩”，晋升了职位，便骄傲自满起来，更加拒绝自我反思，更加排斥自我批评。此时的他们面对金钱美色，马上投怀送抱，面对挫折挑战，立刻缴械投降，进而斗争心、进取心、行动力全部退化，争胜心、虚荣心、狡诈心占据心房。为了保住权力和名位，他们投机结党、营私舞弊、欺瞒组织、媚惑群众、笃信鬼神、沉迷邪道，其心其脑、所作所为，皆受私心私利操控，自此变成不折不扣、一心追名逐利的“两面人”。

（二）对“两面人”的警惕心

“湛然纯一之谓斋，肃然警惕之谓戒。”[①]面对古之“乡愿”，明代思想家高攀龙告诫世人，且不可小觑“乡愿”之害，要警惕之：“乡愿曰‘生斯世，为斯世也，善斯可矣’，便是强力人也推仆了。君子曰‘我犹未免为乡人也，是则可忧也’，便是醉梦人也唤醒了。”[②]面对今之“两面人”，党的十八大以来，习近平总书记多次尖锐指出党内存在的“两面人”问题，要全党时刻警惕和防止“两面人”。因此，共产党人要针对私利，唤起警觉，建构自我革命之警惕心。

如何建构对“两面人”的警惕心？其途径是借鉴古人对“乡愿”的做法，剖析“两面人”的行为模式和内在机理，要听其言更要观其行。儒家认为“乡愿”的本质是自为，表面忠信的实质是私心和私利，其表现似是而非，虚伪乖巧，混淆视听。为消除其危害，朱熹提出十六字心传，即《尚书·大禹谟》中说的：“人心惟危，道心惟微，惟精惟一，允执厥中。”“两面人”沿袭“乡愿”的“阉然媚于世”，精于伪装，工于隐藏，善于欺骗，表现为政治上的不忠诚、行动上的两面派、道德上的伪君子。说到底，“两面人”的本质是为自己的私利“打天下”。分析党的

① （宋）黎靖德编，王星贤点校：《朱子语类·卷九七·程子之卷三》，中华书局1986年版，第2481页。

② 转引自葛荃：《作为政治人格的狂狷、乡愿与伪君子——以晚明东林诸君见解为据》，《东岳论丛》2008年11月。

十八大以来查处的领导干部违纪违法案例，对"两面人"大致可作出如下判断。党内不信马列信鬼神的人，通常是"两面人"；个人利益至上、私欲膨胀的人，很可能是"两面人"；热衷于搞团团伙伙的人，大多是"两面人"。

形成"两面人"的原因很多，但最根本的还是精神上"缺钙"、理想信念动摇，意识形态导向的迷失，致使自身处于"非本真状态"式的沉沦。人的意识活动异常复杂。"两面人"为谋取私利，在通过伪装、蒙蔽他者的同时，被所谓的"马克思主义过时论""共产主义不可知论""社会主义不现实论"冲垮思想根基，失去了对自身意识的控制，意识形态也出现异化。在这个过程中，"两面人"蒙蔽良知、人格分裂，内心长期处于自欺、自昧、恐惧、悔恨的状态而无法自拔，缺乏安全感，惶惶不可终日，只能借助"鬼神之力"克服恐惧，靠烧香拜佛谋求心理寄托。

"两面人"如同一面正身铜镜，时刻提醒共产党人内观自我，反省内心深处的公与私，防微杜渐，警惕在糖衣炮弹的攻击下私欲的释放、膨胀。同时，共产党人要积极建构自我革命的警惕心，在日常工作、生活中，时时处处敢于对准自我之私，开展恒久的自我斗争与自我改造。

二、自我革命之自律心——以志克欲

习近平总书记在党的二十大报告中强调："腐败是危害党的生命力和战斗力的最大毒瘤，反腐败是最彻底的自我革命。"[①] 坚持不敢腐、不能腐、不想腐一体推进，关键是增强不想腐的自觉。如何增强不想腐的自

①《习近平著作选读》第一卷，人民出版社2023年版，第56页。

觉？对此，古代儒家“律己克欲”思想及党的百年奋斗的历史经验给予了我们可资借鉴的宝贵经验，那就是针对共产党人思想意识领域的私欲、贪念，终身开展以志克欲，形成思想自觉、行动自觉的习惯，构建自我革命之自律心。

（一）人有“欲”，更有“心”

《劝诫全书》有云：“罪莫大于多欲，欲不除，如蛾扑火，粉身乃止。”共产党人构建自我革命之自律心的目的，就是克制思想意识领域、精神活动中的贪念和私欲。其中，主要涉及“欲”和“心”。“欲”为何物，“心”又为何物？在中国儒家思想中，“欲”主要是指超越基本生存需求的私欲和心为外物所诱惑而产生的过度的私欲；而“心”是指心灵，是人之所以为人的规定性，它包括了思想意识乃至精神等，其本性是思考，这种思考就是思索，也就是能够获得事物的意义。因此，构建自我革命之自律心首先要正确认识“欲”和“心”的关系。

从先秦到清代，儒家的修养论都围绕“心”和“欲”展开，并对二者的关系进行了翔实的论述。先秦时期，孟子认为人心和人性本身是仁爱的、是善良的。人人皆有“是心”，同时人人皆有“是性”。他将耳目感官称为“小体”，将心称为“大体”。人看到对象物，感觉器官见美即刻受到吸引，生出占有之情，人如果听从感官，就是遵从了“小体”，就是道德境界低的“小人”。那么，人应该遵从什么呢？孟子提出，要遵从“大体”，即“心”。有德之人不轻易遵从感官喜好，而要信任“心”，心有思考和判断功能，遵从“心”，才能作出正确的判断。荀子认为，人有情欲和心虑两重属性，情欲是“饥而欲饱，寒而欲暖，劳而欲休，此人之情性也”[①]，心虑是“耳目鼻口形能各有接，而不相能也，夫是之谓天官。心居中虚，以治五官，夫是之谓天君”[②]。荀子指出，人“心”具备统领感官欲望的能力，只要人自觉信赖“心”的判断裁决，就可以控制感官欲望的过度索求而成为有德之人。明末清初的王夫之认为，人只有充分调动感官，即控制“欲”，而非被“欲”操控，才能掌握外界事物的规律，才能对怎样行使道义作出合理判断，而不是将“欲”和“心”彻底割裂，完全隔绝。因为“吾惧夫薄于欲者之亦薄于理，薄于以身受天下者之薄于以身任天下也”[③]。一个人如果不能充分发挥感官能力，不能将“欲”的力量合理支配，他就不能与这个世界良好互动，无法将“心”所承载的道德理想贯彻到事物之中，不能完成“人与天地参”的高贵使命。

中国共产党人与儒家知识分子最大的区别就是积极参与社会实践。在社会实践中，共产党人正确认识“心”和“欲”的关系，奠定自我革命之自律心养成的基础。1942年以前，延安文学艺术界人才济济，这些从北京、上海等大城市来到延安的知识分子满怀救国救民的热情和抱负，希望能在共产党领导的“新世界”大展拳脚，实现人生价值。但创业尚未开始，便遭遇巨大挫败感。“有一位作家自视太高，瞧不起工农兵群众”，“有的作家感到在延安怀才不遇，没有受到更大的重视，借用唐朝著名诗人李白的两句话来发泄不满说：‘生不用封万户侯，但愿一识韩荆州’”。[④]知识分子们的挫败感来自对人民群众文化水平低的一种嫌弃和蔑视。《大学》有言：“如好好色，如恶恶臭。”深受“劳心者治人，劳力者

① 熊公哲注译：《荀子·性恶篇第二十三》，重庆出版社2008年版，第509页。
② 熊公哲注译：《荀子·天论篇第十七》，重庆出版社2008年版，第349页。
③（明）王夫之：《船山全书》第三册，岳麓书社2011年版，第374页。
④ 金冲及主编：《朱德传》，人民出版社、中央文献出版社1993年版，第528页。

治于人”旧观念影响的知识分子对劳力者，感官排斥，心理厌恶。面对这个不尽如人意的现实，来自大城市的知识分子就陷入了屈从“小体”、沉溺情欲之中，而不遵从“大体”和心虑，自然也不会以“大体”导引“小体”，以“心”统领“情”。为了正确认识“欲”和“心”的关系，解决知识分子思想上的疙瘩，毛泽东主动与萧军、欧阳山、草明、艾青、舒群、刘白羽、何其芳、丁玲、罗烽等人真诚交流，虚心听取他们的建议，并请他们帮助收集文艺界提出的意见。经过充分的调查研究，毛泽东决定召开会议解决文艺界的思想困惑。

1942 年 5 月，毛泽东在延安文艺座谈会上，从两个角度疏解知识分子“欲多而物寡”的苦闷。首先，他讲述了自己思想认识发生转变的经历。在校生活期间，毛泽东曾产生不愿意参加劳动、也瞧不起劳动人民的看法和认识。他说，自己愿意和同学换衣服穿，但不愿意和工人农民换衣服穿，因为嫌弃工农不讲卫生。但是，参加革命以后，毛泽东“才根本地改变了资产阶级学校所教给我的那种资产阶级的和小资产阶级的感情。这时，拿未曾改造的知识分子和工人农民比较，就觉得知识分子不干净了，最干净的还是工人农民，尽管他们手是黑的，脚上有牛屎，还是比资产阶级和小资产阶级知识分子都干净。这就叫做感情起了变化，由一个阶级变到另一个阶级”[①]。其次，通过自身成长经历，毛泽东总结出了战胜私欲的途径方法——走进人民群众，开展社会实践。毛泽东提醒知识分子，“人民生活中本来存在着文学艺术原料的宝藏”，“它们是一切文学艺术的取之不尽、用之不竭的唯一源泉”。[②]“我们的文学专门家应该

---

①《毛泽东选集》第三卷，人民出版社 1991 年版，第 851 页。

②《毛泽东选集》第三卷，人民出版社 1991 年版，第 860 页。

注意群众的墙报，注意军队和农村中的通讯文学。我们的戏剧专门家应该注意军队和农村中的小剧团。我们的音乐专门家应该注意群众的歌唱。我们的美术专门家应该注意群众的美术。”①人民群众的社会实践具有源头活水的精神力量，知识分子的情欲、私利都将被这股清流荡涤，从而提升自己的精神境界。

（二）以志向“克欲”“弘心”

构建自我革命之自律心的前提是正确认识“欲”和“心”的关系，关键是正确处理“欲”和“心”的关系。儒家思想家不但提出了“小体”和“大体”、“欲”和“心”相互冲突的问题，而且给出了解决冲突的方案。尤其是经过与佛教灭欲思想的交锋，宋明清时期的儒家思想都强调君子“克欲”而非“灭欲”。何为“克”？“克”就是贯彻中庸思想，以遵守原则道义为前提，正视欲望，引导欲望。对此，明末清初的思想家王夫之进一步提出，处理好“欲”与“心”的关系，要以志向升华“小体”，使“心”统领情欲，以志向克欲。

王夫之始终强调，不能分割“小体”和“大体”，而要力争“合”，主张“养大者不必弃小者”。“心”与“欲”是人所共有的，如果舍“欲”，“心”的功能也将丧失；同时，更要力图实现由“心”来引领“欲”。明明是相互冲突的“欲”和“心”，凭何能做到“合”？其间就要有一个“桥梁”——志向。王夫之认为，“志”和“心”“欲”是人特有的精神能量，并且这种精神能量必须有“对象物”。王夫之指出，“志”的对象物是“道”，“道”与“志”是相互承接的关系：“天下固有之理谓之道，……

①《毛泽东选集》第三卷，人民出版社 1991 年版，第 863—864 页。

故道者，所以正吾志也。志于道而以道正其志，则志有所持也。盖志，初终一揆者也，处乎静以待物。道有一成之则而统乎大，故志可与之相守。”①通俗地讲，“道”是理想信念，“志”是确保其实现的精神能量；“道”是一以贯之，不随意更改，而“志”是“守道”，是“专一”的精神力量。王夫之提出，如果仅将人的精神能量区分为“欲”和“心”，那么两者是不可能形成“合”态的，人将被私情欲和仁义心向两个不同方向撕扯。要使人由分裂变成融通，必须将理想信念作为目标。志向皈依于目标，为了实现目标，志向不断将人自身的精神能量调集汇聚，情欲和仁义皆被汇入实现理想信念的志的能量场中，有效引导情欲的原始创造力，形成“克”情欲、弘扬仁义道德的有机循环。

1942 年，延安文艺座谈会期间，面对知识分子对劳动群众的轻慢、藐视等非无产阶级的思想态度，毛泽东不是严厉斥责知识分子“道德境界不高”“马克思主义思想不纯”，而是从理想信念和高远志向的角度，对知识分子循循善诱。对于知识分子为了救国救民，敢于离开繁华大城市，来到贫困的山沟沟里寻求革命真理，毛泽东给予充分肯定。他说，既然大家都承认共产主义理想是值得奋斗的，那么就要将这个理想具体落实在马克思主义文艺创作中，解决好“一个为群众的问题和一个如何为群众的问题”②。群众就是最广大的、占人口百分之九十以上的工人、农民、士兵和城市小资产阶级，他们是革命文艺服务的对象。毛泽东指出，要改变对群众的“疏远”和“藐视”，就要主动地去了解群众，克服“不舒服”的情绪，主动深入工农兵群众的实际生活和现实斗争，主动把书本里

---

①（明）王夫之：《读四书大全说》，中华书局 1975 年版，第 537 页。

②《毛泽东选集》第三卷，人民出版社 1991 年版，第 853 页。

的马克思主义理论运用到实际生活，主动创造前辈没有创造出的表现“人民群众是历史的创造者”的唯物史观杰作。在创作作品的过程中，改造自己头脑中那些无助于远大理想、不利于坚守志向的私心杂念。对于毛泽东在文艺座谈会开幕式上的讲话，诗人何其芳回忆：“听了以后，也感到那是一些很新鲜、很重要、平时自己没有想到，一听就终身难忘的问题。”[①]

共产党人为何能以志向“克欲”？在《论共产党员的修养》中，刘少奇给出了答案。他指出，共产党人“熟读马克思列宁主义的书籍，同时又着重调查和分析活生生的现实”，“身体力行，活泼地去指导一切的革命斗争，改造现实，同时改造他们自己”。[②]作为党的创始人和领导者，毛泽东就是在社会实践中改造主观世界的成功典范。书生报国是华夏古来有之的传统。1915年，面对日本提出的“二十一条”，毛泽东愤然写下《四言诗·闻日本向袁世凯提出二十一条后作》：“五月七日，民国奇耻。何以报仇？在我学子！”[③]同样，自古以来，“报国无门”也常成历代书生扼腕叹息的悲哀咏叹。1927年9月，毛泽东赴湘赣交界，领导江西安源工人、湘赣两省农民及部分北伐军举行秋收起义。在此期间，毛泽东写的《西江月·秋收起义》一改文人诗词的工整雅致，写出了“秋收时节暮云愁，霹雳一声暴动”的磊落豪情。开辟井冈山农村革命根据地后，毛泽东开始生活在贫苦农民中间，与工农兵一起在战火中出生入死，催生了他内在崭新的生命能量。投身战斗，毛泽东总结出了以弱胜强的“游击战法”“运动战法”；分配土地，毛泽东明确了通过调查研究才能真正摸透农村及中小城市中各阶级之间的关系。1930—1931年，在毛泽东的

① 《延安文艺回忆录》，中国社会科学出版社1992年版，第77页。
② 刘少奇：《论共产党员的修养》，人民出版社2018年版，第19页。
③ 参见龚国基：《毛泽东与诗》，中国文联出版社1998年版，第14页。

指挥下，红军连续粉碎了蒋介石的三次“围剿”。这个时期的毛泽东创作了“黄洋界上炮声隆，报道敌军宵遁”“收拾金瓯一片，分田分地真忙”等诗词，展现了扎根群众沃土中的共产党人的蓬勃生机。

通过阶级斗争、调查研究、生产劳动等社会实践，毛泽东等一大批共产党员对人民群众的仁心、爱心被深刻激发，其个人的私欲也由社会实践自然而然地融入创造公利之“乐”中。殊为难得的是，在长期与人民群众血浓于水的交往中，在共同为理想奋斗的历程里，面对个人的不公正、委屈和打击，共产党人的生命力不但没有熄灭，反而迸发出更为强大的活力。1931 年 11 月，赣南会议对毛泽东进行了错误批判。1932 年 10 月，临时中央又将毛泽东调离红军领导岗位。两年多时间，毛泽东饱受来自组织和战友的孤立、打击、排挤，他却依然写下了“东方欲晓，莫道君行早。踏遍青山人未老，风景这边独好”等充满革命乐观主义精神的诗词。1934 年 1 月，当长征途中经历湘江惨败、全党上下一片沉痛迷茫之际，毛泽东又写出了“雄关漫道真如铁，而今迈步从头越”的豪情篇章。如果一个人仅靠功业欲驱使向前，那么面对自己亲手创建的革命根据地丧失、指挥权被剥夺、无数战士牺牲，毛泽东绝对无法迸射“而今迈步从头越”的勇毅品质。以毛泽东同志为主要代表的中国共产党人能够从逆境中突围，在险境中坚忍不拔，在开拓中敢于担当，皆源自与人民群众生死与共，源自努力锻造的大公无私之心，源自心灵内部所焕发的理想信念与高远志向相互交融的蓬勃生命力。中国的马克思主义者通过“敢教日月换新天”的社会实践，真正达到了古代儒家以“道志”统领生命的“成圣”境界。

三、自我革命之韵律心——“天爵”境界

中国共产党的百年历史充分证明：“在过了几十年之后来看中国人民民主革命的胜利，就会使人们感觉那好像只是一出长剧的一个短小的序幕。剧是必须从序幕开始的，但序幕还不是高潮。中国的革命是伟大的，但革命以后的路程更长，工作更伟大，更艰苦。”①没有中国共产党，就没有新中国，就没有中华民族伟大复兴。共产党人要想肩负实现中华民族伟大复兴的历史使命，必然经历公义与私欲重重交锋的自我革命，必须造就高尚品德，必定以律心促党性修养提升。此处之“律”，不仅指监督、约束、克制、导引，还指“韵律”。宋代王谠的《唐语林·补遗一》解释“律”：“此磬与钟律合，故击彼应此。”此“律”喻“心”，使人达到“道、志、情、欲”平衡舒展和谐的境界，即“从心所欲不逾矩”的自由状态。共产党人构建自我革命之韵律心达到和谐、自由的状态，就要践行大公无私之“至苦”，打通“天爵”之真自由。

（一）大公无私之“至苦”

“忠者，中也，至公无私。”②公私问题是一个贯穿中国历史的全局性问题。中国传统文化在公私关系上，不仅要达到一种大公无私的政治境界，还要实现一种大公无私的道德境界，更把大公无私奉为圣人人格。中国共产党把大公无私当作一种道德境界来看待，始终将大公无私与自私自利相对比。在共产党人看来，大公无私里的“公”是指民族的和人

①《毛泽东选集》第四卷，人民出版社 1991 年版，第 1438 页。

②（汉）马融撰，（汉）郑玄注：《忠经》，《丛书集成初编》，中华书局 1985 年版，第 1 页。

民群众的利益，而“私”是指个人利益。要实现大公无私必须恒久吃苦，吃“至苦”。

大公无私是中国共产党创业之精神根基。我们党所提倡的大公无私，一方面是对传统道德的继承，另一方面又赋予这种美德以崭新的内容，使之达到历史上前所未有的水平。1939年12月，毛泽东在《纪念白求恩》一文中提出了“白求恩同志毫不利己专门利人的精神，表现在他对工作的极端的负责任，对同志对人民的极端的热忱”①。毫不利己专门利人，就是大公无私，这种精神是创业与做人之根基。共产党人“要学习他毫无自私自利之心的精神。从这点出发，就可以变为大有利于人民的人。一个人能力有大小，但只要有这点精神，就是一个高尚的人，一个纯粹的人，一个有道德的人，一个脱离了低级趣味的人，一个有益于人民的人”②。大公无私作为共产党人存在的一种道德境界，不是若隐若现，而是具有常态化和稳定性。正如毛泽东在《中国共产党在民族战争中的地位》一文中所说：“共产党员无论何时何地都不应以个人利益放在第一位，而应以个人利益服从于民族的和人民群众的利益。因此，自私自利，消极怠工，贪污腐化，风头主义等等，是最可鄙的；而大公无私，积极努力，克己奉公，埋头苦干的精神，才是可尊敬的。”③

“至大”则为“天下”，因而有“天下为公”之说。与“至大”相对的是“极小”，而“小”的极限则是零，亦即“无”。因此，大公无私中的“大”和“无”体现了其彻底性。中国共产党的百年历史充分证明，中国共产党提倡和实行的大公无私最富于革命的彻底性，它的唯一宗旨

①《毛泽东选集》第二卷，人民出版社1991年版，第659页。
②《毛泽东选集》第二卷，人民出版社1991年版，第660页。
③《毛泽东选集》第二卷，人民出版社1991年版，第522页。

是全心全意为人民服务。1944 年 9 月 8 日，在张思德同志的追悼会上，毛泽东评价他：“我们的共产党和共产党所领导的八路军、新四军，是革命的队伍。我们这个队伍完全是为着解放人民的，是彻底地为人民的利益工作的。张思德同志就是我们这个队伍中的一个同志。”[①] 彻底地为人民的利益工作的共产党人，是不怕被别人指出缺点的，只要别人说得对，就坚决改正；彻底地为人民的利益工作的共产党人，在困难面前，不会低头丧气，不会止步不前，而会看到成绩，看到光明，振奋精神，勇往直前；彻底地为人民的利益工作的共产党人，互相关心，互相爱护，互相帮助，使全中国人民都团结在中国共产党周围。

如何才能实现大公无私？儒家认为，人要选择主动受苦。为此，孔子确立了儒家修身的参照标准——礼。礼是一种外界的硬性约束，用来管理儒生的思想与行为，即“非礼勿言，非礼勿视，非礼勿听，非礼勿动”。要想成为君子、圣人，就必须主动在受约束的条件下时时处处对应自己内在情感欲望的变化，体认外在规范的内涵与意义，体悟“四端”“浩然之气”“良知”“孝”“忠”“悌”“友”等与个人情感欲望的非排斥关系，力求达到和谐融通的状态，进而使人在遵守社会礼法、履行家庭责任时，更加认同、更加自觉、更加积极投入。在这个情理（礼）交融的过程中，人的历程可谓极端艰难困苦。对此，王阳明曾总结说：“诸公在此，务要立个必为圣人之心。时时刻刻须是一棒一条痕，一掴一掌血，方能听吾说话，句句得力。”[②] 立“成圣人”之志，不仅要意志坚定，下“克欲”决心，而且要有“诚意”。“诚”就是实实在在认知，实实在在

---

① 《毛泽东选集》第三卷，人民出版社 1991 年版，第 1004 页。

② （明）王阳明撰：《王阳明全集·传习录下·黄以方录》，线装书局 2012 年版，第 204 页。

践行，正如王阳明所说：“如一念发在好善上，便实实落落去好善；一念发在恶恶上，便实实落落去恶恶”①；“诚”即是时时事事处处永不停歇地克尽私欲，“无事时，将好色、好货、好名等私欲逐一追究搜寻出来，定要拔去病根，永不复起，方始为快。……不可窝藏，不可放他出路，方是真实用功”②。人只有经“诚”的历练，才能达到“恶恶”“如刀割，如针刺，忍耐不过”③。当人的精神与肉体感官相融通时,“克欲”与“存心”、“小体”与“大体”就会合二为一。

共产党人既要追求大公无私的道德境界，也要借鉴儒家主动受苦，更要在崇高理想指导的社会实践中吃苦，吃“至苦”。这不仅源自对中华优秀传统文化的继承，更源自无产阶级在道德上能够真正做到知与行的统一，并在这种统一中锻炼和造就出一大批为共产主义奋斗终身的新人。党的百年奋斗史证明，无数共产党人主动跃入“至苦之境”。1962 年 12 月，焦裕禄到兰考担任县委书记。兰考此时正深受内涝、风沙、盐碱“三害”肆虐，粮食产量降到历史最低。焦裕禄组织了一支由干部、农民、技术员组成的“三害”调查队，他不顾病痛亲自带队，从黄河故道越过县界、省界追寻风沙去向。调查队跋涉 1000 多里，获得了详细的一手材料，掌握了“三害”规律，在全县打响了抗灾战役。焦裕禄和人民群众一起吃饭，一起劳动，一起总结治沙、治水、治碱的办法。焦裕禄在全县树立了斗争精神先进典型，号召全县人民自力更生“锁风沙、治洪水”，兰考县的干部、党员、群众拧成一股绳，吹响了战天斗地的冲锋号角。战“三害”之初，焦裕禄在给开封地委的报告中写道，县委县政

① （明）王阳明撰：《王阳明全集·传习录下·黄以方录》，线装书局 2012 年版，第 200 页。
② （明）王阳明撰：《王阳明全集·传习录上·路澄录》，线装书局 2012 年版，第 90—91 页。
③ （明）王阳明撰：《王阳明全集·传习录上·薛侃录》，线装书局 2012 年版，第 114 页。

府坚决领导全县人民，彻底战胜自然灾害，改变兰考面貌，不达成目的，自己死不瞑目！1964年5月，焦裕禄因肝癌医治无效逝世。临终前，他对组织提出的唯一要求是死后“把我运回兰考，埋在沙丘上。活着我没有治好沙丘，死了也要看着你们把沙丘治好”①。

共产党员完全不谋私利，而只为民族、国家、人民谋福利，“他们生根于人民之中，他们是人民的儿子，又是人民的教师，他们每时每刻地总是警戒着不要脱离群众，他们不论遇着何事，总是以群众的利益为考虑问题的出发点，因此他们就能获得广大人民群众的衷心拥护，这就是他们的事业必然获得胜利的根据”②。这些共产党人有“宁可少活二十年，也要拿下大油田”的王进喜；有“跟共产党走定了，为共产主义干到底，把这百十斤交给党安排，不彻底改变穷刘庄的贫困面貌，让刘庄人过上好日子，我死不瞑目”③的史来贺；有在平凡生活中，自觉培养对人民群众的真挚感情，敢于打破旧习惯，敢于自我批评的雷锋；还有孔繁森、杨善洲、张富清、孙家栋、廖俊波、黄文秀等共产党员的模范代表。他们大公无私的道德品格，他们全心全意为人民服务的奉献精神，他们鞠躬尽瘁、死而后已的高贵品质，将教育一代又一代中华儿女。

（二）“天爵”境界之真自由

共产党人为实现共产主义而奋斗终身，因为在那里，“人终于成为自己的社会结合的主人，从而也就成为自然界的主人，成为自身的主

①《向毛泽东同志的好学生——焦裕禄同志学习》，《人民日报》1966年2月7日。
②《毛泽东文集》第三卷，人民出版社1996年版，第47页。
③ 冯治、张敬民：《史来贺评传》，华龄出版社1991年版，第18页。

人——自由的人”[①]。100多年来，共产党人筚路蓝缕，前赴后继，投入身心，抛洒热血就是为了追索到共产主义的“自由之光”。中国共产党的百年实践证明，共产党人的追光之旅呈现出这样一则规律：艰难困苦，玉汝于成。只有敢于长久停留在理想的实践中，坚忍不拔，体味“至苦”，才能参悟精神能量与物质能量的转化规律，破私欲，铸公义，实现公与私的和谐圆融，通达“天爵”，从而自在自如。

习近平总书记指出：“人无精神则不立，国无精神则不强。精神是一个民族赖以长久生存的灵魂，唯有精神上达到一定的高度，这个民族才能在历史的洪流中屹立不倒、奋勇向前。”[②]儒家提倡精神修养与实践相结合，尽管儒家主张的实践无法达到马克思主义提出的建立在现代化经济、政治、文化基础上的实践高度，但儒家以实践促人精神气质与道德品质提升的修养逻辑，却是共产党人最宝贵的财富。孔子通过周游列国推行“仁、礼”主张的实践之旅，把对真理的领悟推向了更高境界。在周游列国的14年里，孔子遭遇讽刺、拒绝、打击。在宋国司马桓魋刺杀风波后，孔子和弟子在从陈国到蔡国的路途中，又经受七日绝粮。受困绝粮之时，连最坚信孔子主张的弟子们都对其信仰产生了质疑。但经年累月传播理想的实践，使孔子领悟到了物质运动与精神运动更深层的规律，即“《易》有天道焉，……一类不足以极之，变以备其情者也，故谓之易……能者由一求之，所谓得一而群毕者”[③]。万事万物皆变化，人的处事和修养也须与时偕行。同时，在万变之中，必须坚守“吾道一以贯之”，坚守为天下苍生弘扬仁道的理想信念，任何时候都要以理想信念引领个人的知、

---

①《马克思恩格斯选集》第三卷，人民出版社2012年版，第817页。

②《习近平谈治国理政》第二卷，外文出版社2017年版，第47—48页。

③ 廖明春：《马王堆帛书〈周易〉经传释文》，四川大学出版社1988年版，第32页。

情、意，如此，人方可逆境不馁、顺境不骄、精力充沛、斗志昂扬。

孟子周游列国传“仁道”“述三代之德”的实践之路，也受尽了白眼，被嘲讽为“迂远阔于事情”的“腐儒”，但屡败屡战的孟子却发出了“夫天未欲平治天下也，如欲平治天下，当今之世，舍我其谁也”[①]的壮志豪言。为何逆境反而催生了孟子的自信？因为，孟子由实践体悟到了失与得的辩证法，汲取到了“天爵”赐予的无穷力量。孟子将人的高贵地位分为两类：“有天爵者，有人爵者。仁义忠信，乐善不倦，此天爵也；公卿大夫，此人爵也。古之人修其天爵，而人爵从之。今之人修其天爵，以要人爵，既得人爵，而弃其天爵，则惑之甚者也，终亦必亡而已矣。”[②]孟子坚定选择了孔子的“仁义”主张，将弘扬“仁义”作为一生的理想信念，一世挫折，却不改初衷。在对理想信念的坚守中，孟子体验到受理想之劳苦所获得的本领提升——“故天将降大任于是人也，必先苦其心志，劳其筋骨，饿其体肤，空乏其身，行拂乱其所为，所以动心忍性，曾益其所不能”[③]；同时，孟子也体验到受理想之磨难所获得的情感满足——“夫仁，天之尊爵也，人之安宅也”[④]；不仅如此，孟子还体验到受理想之艰辛所收获的自尊自信——“欲贵者，人之同心也。人人有贵于己者，弗思耳。人之所贵者，非良贵也”[⑤]。由此可见，人之所贱，卑躬屈膝、巴结权贵获取的世俗权位，朝夕之间即被罢免，战战兢兢，患得患失；而人之所贵，存心养性、乐善不倦获得的正义在胸、睥睨权贵，

①（宋）朱熹撰：《四书章句集注·孟子·公孙丑章句下》，中华书局2011年版，第233页。
②（宋）朱熹撰：《四书章句集注·孟子·告子章句上》，中华书局2011年版，第314页。
③（宋）朱熹撰：《四书章句集注·孟子·告子章句下》，中华书局2011年版，第325页。
④（宋）朱熹撰：《四书章句集注·孟子·公孙丑章句上》，中华书局2011年版，第222页。
⑤（宋）朱熹撰：《四书章句集注·孟子·告子章句上》，中华书局2011年版，第314页。

则浩然之气，正大刚直，冲冠宇内，凌注苍穹。

一代又一代中国共产党人为国为民，“献了青春献终身，献了终身献子孙”，在向大公无私境界勇猛奋进的征途上，忍受饥饿严寒，承受拷打酷刑，经受委屈不公，遭受生离死别，真可谓“自古圣贤尽贫贱，何况我辈孤且直”。同时，为理想信念拼尽全力的实践历程，使共产党人领悟到了“自由而全面发展”的共产主义不在遥不可及的未来，就在舍生取义的当下；使共产党人领悟到了“君子之酬酢万变，当行则行，当止则止，当生则生，当死则死，斟酌调停，无非是致其良知”[①]的圣贤境界，不在“斯人已逝”的古往，而在实干实为的当下。“心”的自在、“欲”的向往、“能”的作为，使共产党人不是耗尽毕生去做惶惶不可终日的“两面人”；“心”的自由、“欲”的升华、“能”的激发，使共产党人通过为民族、为众生、为命运共同体的人类世界发一分真光、出一分真力、投入一分真能量，从而安然领受天地自在、坦荡自慊、无悔无怨、自我主宰的“天爵”自由！

---

①（明）王阳明撰：《王阳明全集·传习录中·答欧阳崇一》，线装书局2012年版，第150页。

第九章

艰苦奋斗之乐心

实现伟大的理想，没有平坦的大道可走。夺取坚持和发展中国特色社会主义伟大事业新进展，夺取推进党的建设新的伟大工程新成效，夺取具有许多新的历史特点的伟大斗争新胜利，我们还有许多“雪山”、“草地”需要跨越，还有许多“娄山关”、“腊子口”需要征服，一切贪图安逸、不愿继续艰苦奋斗的想法都是要不得的，一切骄傲自满、不愿继续开拓前进的想法都是要不得的。

——2016 年 10 月 21 日，习近平总书记在纪念红军长征胜利 80 周年大会上的讲话艰苦奋斗是党的政治本色和优良传统，是中国革命、建设、改革事业的成功经验，是推进新时代新征程使命任务的强大精神力量，“是我们立党立国的根基，也是党员、干部立身立业的根基”[①]。党的二十大报告明确提出：“全党同志务必不忘初心、牢记使命，务必谦虚谨慎、艰苦奋斗，务必敢于斗争、善于斗争，坚定历史自信，增强历史主动，谱写新时代中国特色社会主义更加绚丽的华章。”新时代新征程，共产党人如何理解艰苦奋斗的时代内涵，如何解读艰苦奋斗与历史自信、历史主动的关系，如何使艰苦奋斗内化为共产党人安身的根基、创业的柱石，是必须回答的时代之问。中华民族自古以来就具有乐观、进取的人文精神；中华文化，自古以来就十分关心人生苦乐的问题，尤其是关注乐心。何谓“乐心”？即追求心灵之乐。《礼记·乐记十九》曰：“是故其哀心感者，其声噍以杀；其乐心感者，其声啴以缓。”[②]《荀子·乐论》云：“君子以钟鼓道志，以琴瑟乐心。”[③]修好共产党人的“心学”就是要构建艰苦奋斗之乐心，重视“孔颜之乐”，以“遵道守义、安贫乐道”作为对待苦乐的态度和标准，不断增强革命乐观主义精神，持久战胜弱化党的先进性、损害党的纯洁性的各种因素。

---

① 习近平：《论中国共产党历史》，中央文献出版社 2021 年版，第 100 页。

② 胡平生、张萌译注：《礼记·乐记十九》，中华书局 2017 年版，第 713 页。

③ 熊公哲注译：《荀子·乐论篇第二十》，重庆出版社 2008 年版，第 437 页。

一、以“乐”为径，探艰苦奋斗之源

苦与乐，从逻辑而言，是一对相反相克、不能相合的范畴；就感官而言，生物具有趋乐避苦的本能，苦与乐不容混淆。在这里，为何要从乐心的视角解读艰苦奋斗？其主要原因有二：一是源自中国儒家思想中的一个重要价值命题——“孔颜乐处”；二是源自中国共产党百年奋斗史中的一个重要实践命题——“革命乐观主义精神”。从这个意义上说，无论是中华优秀传统文化，还是革命文化皆强调历苦之乐，这突显了中华民族最为独特的文化气质与雄伟宏大的精神动能，也有助于新时代共产党人深刻理解艰苦奋斗的深层内涵。

（一）“孔颜乐处”——苦中“乐道”

“孔颜乐处”，是北宋思想家周敦颐在给学生授课时提出的一个重要命题。它讲述了孔子和他的弟子颜回在弘扬“仁道”的过程中，所提思想主张不断遭受外界的拒绝、否定、嘲讽、奚落，并且生活也处在颠沛流离中，经常食不果腹，甚至几度生命不保，但他们的精神面貌却是：“饭疏食饮水，曲肱而枕之，乐亦在其中”[①]；“一箪食，一瓢饮，在陋巷，人不堪其忧，回也不改其乐！”[②]针对此种境遇，周敦颐让学生们思考：孔子和颜回在受苦中，“因何乐”？“乐者何”？

---

①（宋）朱熹撰：《四书章句集注·论语·述而第七》，中华书局2011年版，第93页。

②（宋）朱熹撰：《四书章句集注·论语·雍也第六》，中华书局2011年版，第85页。

孔子中年之后才步入仕途，先后做过鲁国的委吏、乘田、司寇。55岁时，孔子辞去鲁国大司寇，开始周游列国，历经十四年。孔子周游列国期间，向各国国君提倡以礼治国，实行周文王和周武王的治国之道，却屡屡受挫、处处碰壁，尤其是孔子被困于陈国、蔡国。当时，楚昭王聘请孔子到楚国，途中经过陈国和蔡国。陈国、蔡国的大夫认为孔子是有才能的人，如果他被楚昭王聘用，陈国和蔡国的利益就会受到威胁，于是他们派兵阻拦孔子及其弟子们。因此，孔子不能前行，无法和外界取得联系，连粗粮都吃不上，整整断粮七日。在困境中，绝大多数弟子对孔子弘扬的“仁道”产生了怀疑。子路提出，因为孔子的德能还未达到相应的高度，所以始终不能获得各国的信任；子贡认为，孔子提出的“仁道”高而玄远，不切实际，故被各国拒之门外。面对极度艰难的困境，尤其是最亲近弟子们的质疑，孔子一度产生了自我怀疑。这时，颜回提出了自己的见解：“夫子之至大，天下莫能容。虽然，夫子推而行之，世不我用，有国者之丑也，夫子何病焉？不容，然后见君子。”[①]颜回告诉孔子，您提出的“仁道”志量宏大，内涵渊深，当下的各国国君都不能理解，不愿践行。但即便如此，您也必须始终如一、竭尽全力去弘扬此道。世人不接受您的主张，这是当权者的羞耻，您不要因此而自我怀疑，一个人拥有宏大的思想主张而不被当前世界接纳，他却依然“勉力为之”，这才是真正的君子！身心饱受无情摧残的孔子，听了颜回的话，受到了极大的鼓舞，更加坚定了弘扬“仁道”之心志！

孔、颜所处时代，天下大乱、礼崩乐坏，儒家的“仁义”之志、“王道”政治等思想经常被斥为“愚儒”、被讥为“矫饰”。恰如荀子所言：

---

① 王国轩、王秀梅译注：《孔子家语》，中华书局2011年版，第256页。

“仲尼颜渊，知，而穷于世。劫迫于暴国，而无所辟之。”[①]在屡遭各国诸侯的排斥和打击中，能否继续守道、弘道？这是对君子人格的严苛考验！孔子和颜回身处不得志的苦境中，不断剖析、比较人的各种价值选择，由此逐渐趋近人道与天道的深层内涵。孔子有言：“富与贵是人之所欲也；不以其道得之，不处也；贫与贱是人之所恶也，不以其道得之，不去也。君子去仁，恶乎成名？君子无终食之间违仁，造次必于是，颠沛必于是。”[②]由此，孔子概括了两个“社会范畴”，即富贵、贫贱；并提出了两个“意识范畴”，即欲望、仁道。在这两对范畴中，孔子作出了价值选择：“君子无终食之间违仁，造次必于是，颠沛必于是。”即，安身于“仁道”，全然抛弃对富贵的欲望！作出这个价值选择，孔子便可以处苦境而不忧、不惧、不怨，如“芝兰生于深林，不以无人而不芳。君子修道立德，不为穷困而败节”[③]，做到“朝闻道，夕死可矣”[④]，“其为人也，发愤忘食，乐以忘忧，不知老之将至云尔”[⑤]。正如子贡所问：“贫而无谄，富而无骄，何如？子曰：‘可也。未若贫而乐，富而好礼者也。’”[⑥]一个人明确了自身所追求的“道”，并使其身心在每一日“弘道”的历程中，持续增强对“道”的信赖与忠诚，从而能够勇敢直面富贵的诱惑、贫贱的威胁、欲望的撕扯，最终将自我造就为“知者不惑，仁者不忧，勇者不惧”[⑦]。

---

① 熊公哲注译：《荀子·大略篇第二十七》，重庆出版社 2008 年版，第 617 页。
②（宋）朱熹撰：《四书章句集注·论语·里仁第四》，中华书局 2011 年版，第 69 页。
③ 王国轩、王秀梅译注：《孔子家语》，中华书局 2011 年版，第 256 页。
④（宋）朱熹撰：《四书章句集注·论语·里仁第四》，中华书局 2011 年版，第 70 页。
⑤（宋）朱熹撰：《四书章句集注·论语·述而第七》，中华书局 2011 年版，第 94 页。
⑥（宋）朱熹撰：《四书章句集注·论语·学而第一》，中华书局 2011 年版，第 54 页。
⑦（宋）朱熹撰：《四书章句集注·论语·子罕第九》，中华书局 2011 年版，第 110 页。

周敦颐对“孔颜乐处”的评述是：“夫富贵，人所爱也，颜子不爱不求而乐乎贫者，独何心哉？天地间有至贵至高、至爱可求而异乎彼者，见其大而忘其小焉尔。”[①] 由此可见，“大”为“天道”，“小”为“人欲”，孔子、颜回“苦”的是“人欲”，“乐”的是“天道”！

（二）革命乐观主义精神——苦乐皆为公

革命乐观主义精神是指对社会生活和革命斗争的前途充满信心。1945年，毛泽东在党的七大上指出：“我们党尝尽了艰难困苦，轰轰烈烈，英勇奋斗。自古以来，中国没有一个集团，像共产党一样，不惜牺牲一切，牺牲多少人，干这样的大事。”[②] 据不完全统计，1921—1949年，为新民主主义革命胜利献出宝贵生命的革命烈士达370多万人。为了中华民族的解放事业，共产党人筚路蓝缕、前赴后继、鞠躬尽瘁、死而后已。受尽千般苦，洒尽身上血的共产党人没有被苦难吓怕、打倒，反而在与苦难的搏斗中绽放出最为绚烂的希望之花，迸发出最为蓬勃的精神之能，显现出强大的革命乐观主义精神。1944年9月，毛泽东在《为人民服务》中指出：“我们的同志在困难的时候，要看到成绩，要看到光明，要提高我们的勇气。”[③]1947年12月，毛泽东在《目前的形势和我们的任务》中指出：“从蒋介石发动反革命战争的一天起，我们就说，我们不但必须打败蒋介石，而且能够打败他。”“当着天空中出现乌云的时候，我们就指出：这不过是暂时的现象，黑暗即将过去，曙光即在前头。”[④]1955年3

①（宋）周敦颐撰：《周子通书》，上海古籍出版社2020年版，第42页。

②《毛泽东文集》第三卷，人民出版社1996年版，第292页。

③《毛泽东选集》第三卷，人民出版社1991年版，第1005页。

④《毛泽东选集》第四卷，人民出版社1991年版，第1245、1246页。

月，毛泽东在中国共产党全国代表会议开幕词中指出：“我们共产党人是以不怕困难著名的。我们在战术上必须重视一切困难。”“种种困难，遇到共产党人，它们就只好退却，真是‘高山也要低头，河水也要让路’。”[1]中国共产党的百年奋斗历程充分证明，中国共产党人对生活、事业和社会发展的前途，始终充满坚定信仰和信念，始终保持积极进取的强健心态，乐观而不盲目，热情而不冲动，顺利时勇于行动而非耽于幻想，受挫时高歌猛进而非裹足不前。

中华民族历经千年沧桑，对苦难、苦痛有着极为真切的体味，也有着至为细腻的摹写。“烟霄旧谓行夷路，薪水今悲系病怀。梦里百年元易过，人间万事苦难谐。”“我惭不如花命好，谪官五载辞京华。方圆凿枘苦难入，冠非豸角强触斜。”这些诗句反映出了作者的那份苦楚。而共产党人面对人人争相避之的苦难，却写出“卅一年华转瞬间，壮志未酬奈何天。不惜惟我身先死，后继频频慰九泉”“浪迹江湖忆旧游，故人生死各千秋。已摈忧患寻常事，留得豪情作楚囚”等豪气冲天的诗句。死亡乃人间至苦，但共产党人却能主动向死发出豪迈“乐音”，其根源在于苦之由头、苦之因由，即确立为谁受苦，因何受苦。中国共产党诞生在国破家亡、民不聊生的近代中国，诞生在“无量金钱无量血，可怜购得假共和”的时期。辛亥革命后，中国各种政治势力及其代表人物纷纷登场，但都未能改变旧中国的社会性质和中国人民的悲惨命运，帝国主义列强依然在中国横行霸道、攫取利益，中国人民仍旧生活在贫困、麻木、屈辱、无望之中。历史深刻呼唤能够肩负中华民族伟大复兴使命的承担者，而这支承担使命的队伍必须用先进的理论武装自己，必须为了完成历史

①《毛泽东文集》第六卷，人民出版社 1999 年版，第 392—393 页。

重任而敢于付出巨大牺牲。因此，在民族苦难和民族期望中诞生的中国共产党以马克思主义为指导，自觉承受民族独立、人民解放之苦。正是由于民族之苦、人民之痛，孕育了中国共产党人，使其承载起公共之苦、众生之苦。历史充分表明，凡是主动肩负这种苦难并立志战胜这种苦难的人，必然能够获得持久的战斗力、生命力，必然能够在困境中艰苦奋斗、不怕牺牲，而这种苦则是谋求实现功业欲的个人，以及所谓最能“吃苦”的帝王将相与野心家们无法长期忍受的。

“坚持真理、坚守理想，践行初心、担当使命，不怕牺牲、英勇斗争，对党忠诚、不负人民”构成了伟大建党精神，其中“真理”“理想”“初心”“使命”“牺牲”“斗争”“忠诚”，皆贯穿着为公——为中华民族、为中国人民。从这个意义上说，中国共产党百年来“所付出的一切努力、进行的一切斗争、作出的一切牺牲，都是为了人民幸福和民族复兴。正是由于始终坚守这个初心和使命，我们党才能在极端困境中发展壮大，才能在濒临绝境中突出重围，才能在困顿逆境中毅然奋起”[①]。从政党到个人，凡是能够在相当长时期里，在困境中长期忍耐，在绝境中创造生机，在逆境中绝不消沉，一定不是受为私、为己、为当下眼前的利益观所驱使，而是拥有一套“天下为公”的世界观、人生观、价值观。共产党人信奉“爱人道，便该为人道牺牲。爱真理，便该为真理牺牲。爱自由，便该为自由牺牲。爱平等，便该为平等牺牲。爱共和，便该为共和牺牲。爱的方法便是牺牲，牺牲的精神便是爱”[②]。共产党人坚信，人总是要死的，但死的意义有不同。“为人民利益而死，就比泰山还重；替

① 习近平：《论中国共产党历史》，中央文献出版社 2021 年版，第 271 页。

②《李大钊文集》（下），人民出版社 1984 年版，第 97 页。

法西斯卖力，替剥削人民和压迫人民的人去死，就比鸿毛还轻。”[①]同时，在共产党人看来，“为任何个人或少数人的利益而牺牲，是最不值得、最不应该的。但是，为党、为阶级、为民族解放，为人类解放和社会的发展，为最大多数人民的最大利益而牺牲，那就是最值得、最应该的”[②]。100多年来，共产党人始终信奉、坚守此真理，更坚决践行此真理，因而谱写了中华民族伟大复兴的绚丽华章。

1927年秋收起义失败，毛泽东在湖南浏阳文家市决定改变行动方向，他告诉同志们：“受了挫折，算不了什么！胜败乃兵家常事。”“我们现在好比一块小石头，蒋介石反动派好比一口大水缸，但总有一天，我们这块小石头，一定要打烂蒋介石那口大水缸！”[③]1928—1930年，井冈山革命根据地和中央根据地相继建立，但面对异常强大的国内外敌人，面对红色政权到底能坚持多久，一股革命悲观情绪在党内蔓延开来。而毛泽东却对革命前景充满了胜利的信心，为此，他先后写下《中国的红色政权为什么能够存在？》《井冈山的斗争》《星星之火，可以燎原》等著作。毛泽东详细阐述了红色政权发生和存在的原因，以及当时遇到的经济、军事等相关问题。毛泽东对当时党内存在的错误思想和认识进行了深刻剖析，他强调要正确认识当前的形势和困难，要提高革命的预见性，尤其是对革命高潮快要到来的“快要”二字的理解。毛泽东指出：“快要”二字“是站在海岸遥望海中已经看得见桅杆尖头了的一只航船，它是立于高山之巅远看东方已见光芒四射喷薄欲出的一轮朝日，它是躁动于母

①《毛泽东选集》第三卷，人民出版社1991年版，第1004页。

② 刘少奇：《论共产党员的修养》，人民出版社2018年版，第64页。

③ 金冲及：《毛泽东传（1893—1949）》，中央文献出版社2004年版，第159页。

腹中的快要成熟了的一个婴儿”[①]。

抗日战争结束后，当全国各族人民都渴望和平、渴望重建家园之际，蒋介石悍然发动内战。当时，国民党从人数、武器、物资、外部支援等方面全面超过共产党，“对处于劣势的中国共产党及其领导的人民革命力量能否打败国民党的进攻，党内一部分人存在怀疑和顾虑。为了谋求国内和平，许多中间派别人士也认为中国共产党应当进一步对国民党采取退让政策”[②]。同年8月，毛泽东在和美国记者安娜·路易斯·斯特朗的谈话中提出了“一切反动派都是纸老虎”的论断。他指出：“看起来，反动派的样子是可怕的，但是实际上并没有什么了不起的力量。从长远的观点看问题，真正强大的力量不是属于反动派，而是属于人民。”“虽然在中国人民面前还存在着许多困难，中国人民在美国帝国主义和中国反动派的联合进攻之下，将要受到长时间的苦难，但是这些反动派总有一天要失败，我们总有一天要胜利。这原因不是别的，就在于反动派代表反动，而我们代表进步。”[③]

中国共产党的百年历史已充分证明，共产党人所信仰的世界观、人生观、价值观是科学的，在马克思主义的指引下，共产党人在艰难困苦中以革命乐观主义精神带领中国人民开展了前无古人的伟大实践，创造了无数人间奇迹，从根本上改变了中国人民的前途命运，开辟了中华民族伟大复兴的正确道路！正可谓：“苦”“乐”皆“为公”。

---

①《毛泽东选集》第一卷，人民出版社1991年版，第106页。

② 中共中央党史研究室：《中国共产党历史·第一卷（1921—1949）》下册，中共党史出版社2011年版，第711页。

③《毛泽东选集》第四卷，人民出版社1991年版，第1195页。

二、追求“众乐”，强艰苦奋斗斗争之能

“孔颜乐处”与革命乐观主义精神的共同点在于，所受之苦皆源自所求之乐。是何之乐？答案是“众乐”。孟子与齐宣王见面时提出：“独乐乐，与人乐乐，孰乐乎？”曰：“不若与人。”曰：“与少乐乐，与众乐乐，孰乐？”曰：“不若与众。”①“众乐”便是与民同乐，便是弘扬“仁道”，便是“仁政”。孔子一生的坎坷与奋斗皆源自“有志”，即弘“仁礼”之道。因此，孔子及终身追随孔子弘道的颜回，所受之苦，是高远志向之苦，志在使“天下有道”“礼乐征伐自天子出”②，实现“己欲立而立人，己欲达而达人”③，“老者安之、朋友信之、少者怀之”的目标。千年薪火传承，文脉周流不息，共产党人所求之乐，是人民之乐，因为“人民，只有人民，才是创造世界历史的动力”④。由此可见，儒家因弘道而刻苦，共产党为实现民族复兴与人民幸福，与苦搏斗、艰苦奋斗。正是由于中国共产党人坚定承担了民族沉重之苦难，从不贪图安逸享受，从不脱离社会实践，从不停歇地在实践中发现矛盾、解决矛盾，才拥有深藏于人民群众中的巨大能量，才经实践给自身蓄能、强能。

（一）儒家在思想斗争中成就正统

纵观儒学千年发展史，弘“仁道”，求“众乐”的儒家，在各个历史时期皆直面政治领域及思想领域的时代命题，敢于斗争、善于斗争，在

---

①（宋）朱熹撰：《四书章句集注·孟子·梁惠王章句下》，中华书局 2011 年版，第 198 页。
②（宋）朱熹撰：《四书章句集注·论语·季氏第十六》，中华书局 2011 年版，第 159 页。
③（宋）朱熹撰：《四书章句集注·论语·雍也第六》，中华书局 2011 年版，第 89 页。
④《毛泽东选集》第三卷，人民出版社 1991 年版，第 1031 页。

斗争中不断汲取对立面的思想养分，使儒家文脉在时空中不断拓展丰富。尽管在历史长河中，儒家曾几度出现过弱势，甚至近乎“干枯”，却总能随着经济社会的变化而再度发展。儒家这种坚持志向，敢于斗争、持续斗争，并能以宽广、博大胸襟主动汲取各种文化智慧的特质，是中华民族战胜苦难挫折的精神动能。

孔子担任鲁国大司寇时期，力图实施以礼治国，却与“春秋无义战”的时代背景格格不入，但孔子始终“知其不可而为之”[①]。孔子曾经主动向老子“问礼”，和老子交流治国理念。当老子评价孔子提出的“以礼治国”是“老朽”旧说，不合时宜，因而建议孔子不要再去各国宣扬，不要再“自取其辱”时，孔子表示不赞同老子的评价和建议，并对老子提出的“无为”进行了批评。孔子指出：“无为之治者其舜也与？夫何为哉？恭己正南面而已矣。”[②]孔子认为当下社会的时代精神是“雄健进取”，老子提出“无为之治”的理念是逆时代方向的，是不合时宜的。战国时期，法家思想满足各诸侯国之需，于是迅速赢得了时代控制权。对此，慎到一针见血地对君主言明：君和臣，无“忠”无“义”，仅仅是权力与利害的较量，君臣最佳关系是双方皆为各自私利而竭尽所能，君主要锻炼自己的“驭臣之术”，防止臣子觊觎乃至僭越君权，因而要“尚法而不尚贤”。从春秋到战国，法家思想愈来愈“得其时、导其势”，可谓步步为营、频频获胜，商鞅变法，秦国无敌于天下，更使法家如日中天！在此情势下，以孟子为主要代表的儒家学者却依然奔走于各国之间，大力倡导“君臣忠信”“与民同乐”，依然坚定宣扬“礼与义”“性本善”。千

---

①（宋）朱熹撰：《四书章句集注·论语·宪问第十四》，中华书局2011年版，第149页。
②（宋）朱熹撰：《四书章句集注·论语·卫灵公第十五》，中华书局2011年版，第152页。

古悠悠，历史逻辑与实践逻辑最终给出了结论，秦统一中国是法家壮举，但法威权治却碾压了一切道义人心，暴君政治，官逼民反，揭竿而起，秦二世而亡！道家学说将“无为”推向极致，放弃对家国的道义职责，只是退居偏远道观与宗教为伴！对比之下，儒家思想在千年里，虽几经浮沉，却始终是封建统治者治国安邦的正统思想，是天下学子终身领悟与践行的道德文章。

儒家以“不合时宜”“不通俗物”而入世宣道，却终成中华文化之正统，原因何在？究其根本，源自儒家始终高举“仁道”旗帜，始终不脱离现实世界，勇于与功利主义竞争，与道家、佛教等思想文化竞争，始终在主动斗争中不断进行学理层面的固本培元与因时而进。儒家向天下弘扬“仁道”，始终秉持一个基本精神，即“天行健，君子以自强不息。地势坤，君子以厚德载物”。以孔子和孟子为代表，无论所处的时代多么强调“功利主义”“强力称霸”“道德无用”，儒家始终坚持“吾道一以贯之”——“仁义”。2000多年来，儒家“仁道”始终强调道德比刑法更重要，社会群体利益比个人利益更重要，责任担当的价值远胜谋权博名。因此，无论是面对曾经占据“人爵”顶点的法家，还是面对高唱逍遥神游的道家，抑或面对拥有精致深奥哲学理念的佛教，儒家始终告诫知识分子立定“明明德、亲民、止于至善”之根基，“志士仁人，无求生以害仁，有杀身以成仁”[1]，“居天下之广居，立天下之正位，行天下之大道。得志，与民由之；不得志，独行其道。富贵不能淫，贫贱不能移，威武不能屈，此之谓大丈夫”[2]。

① （宋）朱熹撰：《四书章句集注·论语·卫灵公第十五》，中华书局2011年版，第153页。
② （宋）朱熹撰：《四书章句集注·孟子·滕文公章句下》，中华书局2011年版，第247—248页。

正因如此，汉代出现了董仲舒“圣人为天下兴利也”“薄赋敛，省徭役，以宽民力”；唐代出现了韩愈“以国家之务为己任”“仰不愧天，俯不愧人，内不愧心”；北宋出现了周敦颐“君子乾乾不息于诚”“天下之众本在一人”，程颢“君子之学必日新，日新者日进也。不日新者必日退，未有不进而不退者”，程颐“为政之道，以顺民心为本，以厚民生为本，以安而不扰为本”，张载“形而后有气质之性，善反之，则天地之性存焉”；南宋出现了朱熹“怨天者不勤，尤人者无志。卓然立其志，锐然策其功，视天下之物有一节之可取且不为世之所弃，岂以人而不如物乎”；明代出现了王阳明“夫学贵得之于心。求之于心而非也，虽其言之出于孔子，不敢以为是也，而况其未及孔子者乎”；明末清初出现了王夫之“存人道以配天地，保天心以立人极者，科以为教，则有同功而异用者焉”；等等。这些在各个历史时期以毕生精力弘扬儒家“仁道”的知识分子，汇聚起流淌千年的儒家文脉，使儒家成为中华文化之正统，使仁义精神成为中华民族生生不息之动能。

（二）中国共产党在实践斗争中坚守真理

2000多年的儒家文脉经久不息，给中国人树立了志向，注入了情怀，培育了良知。而掌握了马克思主义科学理论的中国共产党，使中国人真正认识到实践才是变革社会的强大力量，思想与文化只有在实践中才能开出精神之花，志向与良知只有经历实践之苦、之难、之斗争，才能救国救民、利国利民、强国强民！100多年里，中国共产党人经久不息地探索实践规律，总结实践规律，运用实践规律，创立、发展、创新了调查研究、群众路线等工作方法，最终突破了封建社会的“民本观”，使人民群众摆脱了被统治者“保护”与剥削的地位，变成了国家的主人、社会的栋梁，也成为中国式现代化的首创者与建设者。从这个意义上说，在中国共产党的坚强领导下，人民群众通过自我解放实现了“众乐”！

自从学会了调查研究方法，共产党人就掌握了密切联系群众的思想武器。调查研究是以毛泽东同志为主要代表的中国共产党人在残酷的对敌斗争、尖锐的党内斗争和生产劳动中，对规律的创造性运用。第一次国内战争时期，在频繁的作战间隙，毛泽东总要抽出时间做系统、全面的社会调研。通过亲身实践，毛泽东总结出了调查研究的三大要点。第一，通过开调查会，掌握现实情况，收集感性认识材料。毛泽东强调，党员干部必须“眼睛向下”，拿出真情实意开展调查，要让被调查者感受到诚挚的态度与了解实际情况的渴望，进而获得大量与现实相符的感性材料。毛泽东指出：“这些干部、农民、秀才、狱吏、商人和钱粮师爷，就是我的可敬爱的先生，我给他们当学生是必须恭谨勤劳和采取同志态度的，否则他们就不理我，知而不言，言而不尽。”[①] 第二，开好调查会“必须给予时间，必须有调查纲目，还必须自己口问手写，并同到会人展开讨论”[②]。这是以概念化的抽象逻辑对感性材料进行驾驭，确保不被庞杂无序的感性材料扰乱而偏离主题和目标。第三，要对调查会上收集的感性材料进行分析与综合，得出属于理性认识领域的判断标准。比如，如何划分地主、富农？如何划分中农、贫农？在对大量感性材料分析归纳的基础上得出的划分标准是，地主以收租为主要生存方式；富农以雇工为主要劳动方式；中农仅在自己的土地上耕种，不用向别人出卖劳动力；贫农自身拥有的土地数量不足，必须向别人出卖一部分劳动力；雇农因

①《毛泽东选集》第三卷，人民出版社 1991 年版，第 790 页。

②《毛泽东选集》第三卷，人民出版社 1991 年版，第 790 页。

为没有自己的土地，必须向别人出卖全部劳动力。只有这些逻辑化和抽象化的标准符合客观实际，才能成为土地改革中阶级划分和重新分配土地的科学依据。毛泽东正是通过开展广泛深入的调查研究，逐渐认清了农民对土地的深切渴求，掌握了土地改革的基本信息和方法，发掘了广大农民蕴藏的革命潜能，激发了农民自觉自愿为土地、为自身前途而战斗的意志和行动。农民群众因为获得了属于自己的土地，欢欣鼓舞、喜笑颜开。正如毛泽东在《清平乐·蒋桂战争》中写的那样："红旗越过汀江，直下龙岩上杭。收拾金瓯一片，分田分地真忙。"

中国共产党历来重视调查研究。各地方、各基层的干部、党员都以调查研究为武器，在调查研究中建立起党同人民群众血浓于水的关系；在调查研究中感受到深藏在群众中间的智慧和创造力，自觉产生了向人民群众拜师学习的蓬勃热情；在调查研究中对党性修养各个方面进行自我检验、考核。更重要的是，通过调查研究，通过深入人民群众的生产生活一线，与人民群众朝夕相处、同甘共苦，党的各级干部掌握了大量群众生产生活的真实、鲜活的信息和资料，提升了政策制定和实施的判断力、执行力，对党中央制定政策提出了切实有效的意见、建议，为党中央制定符合现实要求、符合群众利益的政策提供了宝贵经验。1950 年 3 月，毛泽东就"富农策略"及"土地大纲若干问题"向中南局、华东局、华南分局、西南局、西北局征询意见，这是一次通过电报进行的调查研究。在中央和地方的共同努力下，制定了"依靠贫农、雇农，团结中农，中立富农，有步骤有分别地消灭封建剥削制度，发展农业生产"的新解放区土地改革总路线，颁布了土地改革法。

当时，西南地区属于新解放区，阶级成分复杂，匪患严重，在新民主主义革命时期从未开展过土地革命，土改难度非常大。但西南局毫不回避土改难题，针对具体问题迅速拿出对策，通过大胆实践，在整顿农民协会、重新分配土地等方面取得了突出成绩。同时，面对土改中不断出现的新问题、新偏差，西南局充分意识到不能被动应对，必须使党员干部熟悉政策，深入各地，广泛发动群众，依据政策持续改进工作方式方法，提高工作的主动性和主导权。为此，深入各个村庄的土改工作队不仅要让村干部与农协会员精确掌握划分阶级成分的标准和依据，掌握划分阶级的方法，还要让每一位普通农民了解到划分阶级的重要意义。在贵州昌明乡小虎场行政村，4 名干部利用 4 天时间进行划分阶级的调查研究。首先，他们每人手持一本政务院《关于划分农村阶级成分的决定》，召开划阶级试验调查会，向群众逐条讲解政策要求。接下来，他们带领群众从评人口、评劳动、评田产、评收入、评剥削等方面，依照法规精细算账，相互评定。会后，干部们还走进农户家中开展个别调查，具体问询“划阶级合不合理”“某某阶级成分合不合理”等。经过群众表决、本人同意，才发榜定案。定案时还要作出声明，任何人认为阶级成分划分不合理，均可到农协及乡、区、县上告。这 4 名基层干部的做法充分展现了共产党人理论联系实际、吃苦耐劳的工作作风。正因如此，当地人民群众们在分地过程中不仅分到了合理亩数的田地，还得到尊重和重视，呈现一片喜悦的景象。

中国土地广袤、人口众多、情况复杂，各个地区都有自身独特的风土人情，因此对于客观世界的改造都会面临各种繁难、阻碍、麻烦。但是，中国共产党充分相信干部和党员的斗志、毅力，更相信实践对党员综合素质的造就、提高。社会主义革命和建设时期，在中国共产党领导下的历次社会实践中，为了有效增强党的组织力和领导力，党中央抽调大批人员下基层，其中相当一部分是出身于城市的学生和青年。这些从未在农村生活过的党员干部、青年知识分子在改造现实的实践中，对广大人民的贫苦生活有了切身体验，在与人民群众齐心协力同落后生产力作斗争的过程中，党性修养经受了锻炼和考验，提升了无产阶级政治觉悟，提高了实际工作能力。相当一部分青年学生成长为懂政策、有能力、与人民群众心心相印的党的优秀干部。[①] 在革命、建设、改革及新时代的社会实践中，从党中央到各地方、各基层始终强化调查研究这一基本功，以调查研究的方法贯彻群众路线，以调查研究的成果在上下级之间产生良性互动，逐渐形成了自上而下与自下而上相结合的新型上下级关系。共产党人正是在运用调查研究工作方法时，在贯彻执行民主集中制组织原则时，提高了贯彻落实群众路线的能力本领，锻造了一切从实际出发、从群众利益出发，既服从组织纪律又敢于坚持原则的精神品格。

三、涵养“真乐”，育艰苦奋斗体悟之能

新民主主义革命及社会主义革命与建设时期，中华民族深处生死边缘，加上社会生产力极度落后，共产党人亟须通过社会实践改造旧中国，亟须建立崭新的政治、经济、文化新形态。此时，社会主要矛盾决定了中华优秀传统文化的深层结构与社会发展现阶段需要不具同步性，因此优秀传统文化不可能与革命文化、与党的思想建设进行深度对接与融通。随着经济社会的发展，尤其是中国特色社会主义进入新时代，高度发达的物质文明需求与高度发达的精神文明需求不断激发中华优秀传统

① 参见中共中央党史研究室：《中国共产党历史·第二卷（1949—1978）》上册，中共党史出版社 2011 年版，第 95 页。

文化的内在生机和活力，不断促使儒家思想与党的思想深层对接。因此，习近平总书记高度重视中华优秀传统文化的价值。他指出，中国共产党要将马克思主义基本原理同中国具体实际相结合、同中华优秀传统文化相结合，实现马克思主义中国化时代化的理论创新与实践创新。为永葆共产党的先进性和纯洁性，始终保持共产党人艰苦奋斗的政治本色与优良作风，使在优渥物质环境中成长的年青一代共产党员敢于吃苦、勇于吃苦，直至乐于吃苦，就必须从中华优秀传统文化里引入源头活水，培养党员干部对道德本心的信赖能力，对德性之知的体悟能力，唤醒“真乐”本心，终身艰苦奋斗！

（一）培养“真乐”本心，感悟生命一体

千百年来，儒家学者皆对“孔颜乐处”这种主动吃苦的能力品格苦心思索，反复论证，力图通过不断增进修养，拥此美德。其中，王阳明认为“孔颜乐处”乃是“真乐”，即当人主动发挥恻隐、羞恶、辞让、是非这些与“仁”有关的良知良能时，人的感官天然拥有的喜、怒、哀、惧、爱、恶、欲等情绪、情感，不会消失沉寂，而是与“仁”的良知“欣合和畅，原无间隔”。王阳明提出的“真乐本心”，不是臆断，而是以儒家先贤真实经历为依据。

提出“孔颜乐处”命题的周敦颐，自觉提升对生命体的感悟能力，持续进行身心修养，重点培养自己的“宇宙万物一体之仁”。周敦颐不是用逻辑分析仁、义、礼、智、信的概念，而是用自己活生生的情感能力去体悟仁、义、礼、智、信。周敦颐在《濂溪书堂》中写道：“数十黄卷轴，圣贤谈无音。窗前即畴囿，囿外桑麻林。芋蔬可卒岁，绢布足衣衾。饱暖大富贵，康宁无价金。吾乐盖易足，名濂朝暮箴。”周敦颐每天的生

活是读书、求道。周敦颐善从草木处求道，他喜欢“绿满窗前草不除”，因为每天推开窗，映入眼帘的绿意皆能使他体悟“仁”之生机，使他在理解孔孟之道和“孔颜乐处”时，不空洞、不乏味，而是胸中时时生机盎然，心内处处鸟语花香，尘世的功名利禄、富贵荣华与“仁道生机”相比，顿失颜色，平平无奇。这就是他品评颜回“圣贤”品质时所言：“天地间有至贵至富、可爱可求而异乎彼者，见其大而忘其小焉尔。见其大则心泰，心泰则无不足，无不足则富贵贫贱，处之一也；处之一则能化而齐，故颜子亚圣。”① 周敦颐认为绝大多数世人因被“权力金钱荣华”遮蔽了心灵，而用全部精力孜孜以求；殊不知，天地之间有更珍贵、更可爱、更值得追求的，这就是颜回付出一生的“道”。颜回对孔子发现、概括、弘扬的“仁道”无比信仰，坚贞追寻，忠诚笃信。跟随孔子周游列国宣扬“仁道”的每一天所见富贵的人、穷困的人、得意的人、失落的人，沿途所望一年四季、白昼黑夜、日升月落、草长莺飞，无处不是“元亨利贞”、无时不有“好生之德”。颜回心中每滋一分“生”意，便会对天道多一分自信，心甘情愿甚至满怀幸福地陪伴孔子受苦受难，以苦为乐，心甘如饴！

一直以来，说到儒家“富贵不淫”的境界，许多人自然联想到“天降大任、苦其心志、劳其筋骨、饿其体肤、空乏其身”等充满悲壮主义色彩的雄浑誓言，自然认为儒家只能存在于“悲怆哀痛”的情绪中和与功名利禄的搏击、战斗里。殊不知，在千年儒家文脉的长河中，隽永流淌着如周敦颐、程颢等内心恬淡舒朗、令人如沐春风的杰出思想家。程

---

①（宋）周敦颐撰：《周子通书》，上海古籍出版社 2020 年版，第 42 页。

颢有言：“仁者，浑然与物同体。”[①] 他从日常岁月、平淡生活、身边小物中汲取“仁体仁意”——“观天地生物气象”[②]“万物之生意最可观。此元者善之长也，斯所谓仁也”[③]“切脉最可观仁”[④]“观鸡雏此可观仁”[⑤]“仁便是一个木气象，恻隐之心便是一个生物春底气象”[⑥]。春天的树木、毛茸茸的鸡雏、跳动的脉搏，这些动而有序、有向、有灵的生物，使人逐渐萌生对天道的信仰，对仁爱的信心，对奋斗的信任。程颢笔下的“闲来无事不从容，睡觉东窗日已红”不是慵懒无志，而是令自己从求索世俗功名利禄的紧张焦虑中脱离，涵养一种松弛、和缓、有韵律的“乐心”，进而感悟“道通天地有形外，思入风云变态中”，领悟“万物静观皆自得，四时佳兴与人同”。因此，当富贵的诱惑与贫苦的威胁来到身边时，君子自然而然遵从仁义，通情达理，作出不屈天理、无愧本心的价值选择。

“曾点之志”最能体现儒家的“真乐”观。有一次，孔子询问弟子们有什么样的生活志向，绝大多数弟子回答说要建功立业、治国安邦，只有曾点给出了如下回答：“莫春者，春服既成。冠者五六人，童子六七人，浴乎沂，风乎舞雩，咏而归。”“夫子喟然叹曰：‘吾与点也。’”[⑦] 对此，朱熹曾作出注评：“曾点之学，盖有以见夫人欲尽处，天理流行，随处充满，无少欠阙。故其动静之际，从容如此。而其言志，则又不过即

---

①（宋）程颢、程颐：《二程集》，中华书局 1981 年版，第 16 页。
②（宋）程颢、程颐：《二程集》，中华书局 1981 年版，第 83 页。
③（宋）程颢、程颐：《二程集》，中华书局 1981 年版，第 120 页。
④（宋）程颢、程颐：《二程集》，中华书局 1981 年版，第 59 页。
⑤（宋）程颢、程颐：《二程集》，中华书局 1981 年版，第 59 页。
⑥（宋）程颢、程颐：《二程集》，中华书局 1981 年版，第 54 页。
⑦（宋）朱熹撰：《四书章句集注·论语·先进第十一》，中华书局 2011 年版，第 123—124 页。

其所居之位，乐其日用之常，初无舍己为人之意。而其胸次悠然，直与天地万物上下通流，各得其所之妙，隐然自见于言外。”[①] 朱熹从三个层面分析了曾点之“志”与孔子之“叹”的内涵。首先，曾点脱口而出的“志向”，似乎不符合志向的既定模式，“结伴游春”“游泳弹琴歌唱”，这些似乎更像享受和欲望，而非为国为民去主动受苦受难。但为什么孔子赞赏曾点，并说自己也有此“志”呢？朱熹从第二个层面给予了解答，即“人欲尽处，天理流行”。人是感官欲望和远大志向的统一体，一个人许下承诺要弘扬“天道”，成就君子人格，这是一辈子的承诺，不是一时一刻的冲动。因此，如果不能协调好欲望和远志，总是打压、苛责甚至隐匿、戕害欲望去行建功立业、治国安邦之志，那么必然落个有始无终、半途而废的结局。接下来，朱熹从第三个层面对儒家修身思想的博大精深作出极高的评价，即“乐其日用之常，初无舍己为人之意。而其胸次悠然，直与天地万物上下通流”，意思就是，儒家在日常生活里修养“乐”的态度，“乐”是一种随心、随喜的通透达观。比如，孔子的弟子中既有出身富贵之家的子贡、子夏，还有出身贫寒门第的颜回、子路，除了出身背景不同，每个人的天资、悟性、阅历等也迥然有别。因此，孔子教导弟子修养身心首在“真实”，即直面现实处境，开展道德修养，绝对不做“乡愿”，不能矫饰、忸怩、虚伪。

由此可见，每个人的修养路径都要因人而异，孔门追求的是殊途同归，和而不同。天生禀赋之欲望、情感、出身与后天读书、阅历、个人努力合成了人真实的志向。许多人羡慕颜回拥有“刚毅木讷近于仁”的天赋品质，连孔子都自叹不如！但从孔子肯定“曾点之志”中可见，儒

---

①（宋）朱熹撰：《四书章句集注·论语·先进第十一》，中华书局2011年版，第124页。

家对普通人通过孜孜不倦的努力成就君子人格，拥有高尚道德，是更为肯定、赞美和期待的。这便是孟子所言“人人皆可为尧舜”，便是荀子所叹“涂之人可以为禹！”

（二）继承发扬集体主义精神，丰富提升心灵感悟力

中国共产党的百年实践创造了革命文化与社会主义先进文化，其最独特的属性是“集体主义”。革命文化与社会主义先进文化继承了儒家重群体、重责任、重奉献的文化气质的同时，创造性地修正了儒家“百姓观”，将其升华为人民情怀。以延安文艺座谈会为起点，中国共产党开始探索总结“与人民同乐”的文艺规律，发挥新文艺之共情、同乐的作用，从文化源头上筑牢共产党人与人民群众的“鱼水关系”，使党员干部从内心深处体悟与人民群众的“民吾同胞”“一体之仁”。

从古代到近代，中国知识分子始终自觉发扬本心，自觉忧国忧民。同时，千年的封建旧传统、旧习俗，尤其是极度轻视百姓的旧观念，也残存在知识分子的价值观中，使旧知识分子只知保护人民、养护人民、爱惜人民、教育人民，但从未把人民当作自己的教师，当作自己的灵感之源，当作自己的挚情所向。从1942年延安文艺座谈会开始，在中国共产党的领导下，以鲁艺为代表的新知识分子开始转变文艺服务的对象，开始拜人民为师，探索新文艺创作道路，探索以“真乐之心”深层融通党群关系。1945年，就是在这样的时代背景下开始了歌剧《白毛女》的集体化创作。排演时，演员们没有正规的室内排练场，就在院子里边晒太阳边拍戏，周围经常围满了教师、学生、炊事员、农民老乡，大家一面欣赏，一面发表评论，群众对感觉不对的地方马上就提出意见，创作

人员和演员当场吸收、改正。[①] 就这样，“这个戏的排演受到全院每一个同志的关心，大家热心地提意见，每排一段，每支曲子，都有各种不同的讨论”[②]。给《白毛女》提意见的人民群众来自各行各业，有在晋察冀边区工作过的同志，有出身贫农、佃农的同志，有从事戏剧、音乐、诗歌的创作人员。可以说，从党的干部到农民群众都为这部歌剧提出了意见，也正是在集体讨论中形成了《白毛女》的人物关系与戏剧冲突，《白毛女》真正是集体创作的产物。[③]

《白毛女》预演后，创作人员又到群众中征集意见。当时，“有一个厨房的大师傅一面在切菜，一面使劲地剁着砧板说：戏是好，可是那么混蛋的黄世仁不枪毙，太不公平”[④]。随后，《白毛女》在中央党校大礼堂第一次演出，毛泽东等中央领导和全体七大代表都来观看。第二天，中央办公厅传达了中央书记处对《白毛女》的意见：“第一，这个戏是非常适合时宜的；第二，黄世仁应当枪毙；第三，艺术上是成功的。”[⑤]《白毛女》汇集各方建议作出精心修改后正式推出，受到了各条战线人民群众的热烈赞扬和喜爱。鲁艺也“收到了成千的来信和意见，有的给我们很多鼓励，有的在很多地方提出具体建议，还有好些人不约而同地告诉我们，看了戏使她们回忆到自己过去的生活，她们的遭遇和喜儿很相似，因此她们一面看这个戏，一面哭得看不下去”[⑥]。一些战士看完《白毛女》后，在枪杆上刻着“为杨白劳报仇”“为喜儿报仇”。部队领导在给剧组写的信

① 参见瞿维、张鲁：《歌剧〈白毛女〉的音乐创作》，《新文化史料》1995年第2期。
② 张庚：《回忆延安文艺座谈会前后“鲁艺”的戏剧活动》，《戏剧报》1962年第5期。
③ 参见朱萍：《歌剧〈白毛女〉在延安创作排演史实核述》，《新文化史料》1995年第2期。
④ 张庚：《回忆延安文艺座谈会前后“鲁艺”的戏剧活动》，《戏剧报》1962年第5期。
⑤ 张庚：《回忆延安文艺座谈会前后“鲁艺”的戏剧活动》，《戏剧报》1962年第5期。
⑥ 张庚：《回忆延安文艺座谈会前后“鲁艺”的戏剧活动》，《戏剧报》1962年第5期。

中提出：“战士不用上政治课了，你们一场演出就做了最好的战前动员。”当全体人民皆情起、情动、情深、情涌而团结奋起时，“移山填海之难，终有成功之日”！

古代文艺家写出了“情不知所起，一往而深，生者可以死，死可以生”。这不仅是论男女情爱，更是对人独有的情感创生力发出的深刻赞叹！马克思主义者从来都是充满强烈爱的人。马克思曾经写道：“在这爱情上集中了我的所有精力和全部感情。我又一次感到自己是一个真正的人，因为我感到了一种强烈的热情。”[①] 周恩来曾写道：“还记得当年在天津开大会吗？你第一个登台发言，给我印象最深的就是那两只炯炯有神的大眼睛。”[②] 毛泽东也借古词表达自己的澎湃之情：“挥手从兹去。更那堪凄然相向，苦情重诉。眼角眉梢都似恨，热泪欲零还住。知误会前番书语。过眼滔滔云共雾，算人间知己吾与汝。人有病，天知否？今朝双重东门路，照横塘半天残月，凄清如许。汽笛一声肠已断，从此天涯孤旅。凭割断愁丝恨缕。要似昆仑崩绝壁，又恰像台风扫寰宇，重比翼，和云翥。”[③] 正是这般真挚到喷薄欲出的感情，才使马克思主义者恒久笃志、践行理想，做到“己欲立而立人，己欲达而达人”，并将对一人之浓情扩展至战友、同胞、全人类，进而以赤诚赤心甘洒热血！

1938 年，梁漱溟访问延安后写道：“爱唱歌，爱开会，亦是他们一种的风气。天色微明，从被窝中坐起，便口中哼啊抑扬，此唱彼和，仿佛

---

①《马克思恩格斯全集》第二十九卷，人民出版社 1972 年版，第 515 页。

② 转引自赵炜：《西花厅岁月——我在周恩来邓颖超身边三十七年》，中央文献出版社 2004 年版，第 139 页。

③ 金冲及：《毛泽东传（1893—1949）》，中央文献出版社 2004 年版，第 98 页。

一切劳苦都由此而忘却！人与人之间情趣增加，精神上互为感召流通。”[①]延安时期，学校里唱歌，部队里唱歌，工厂、机关无一处没歌声。这歌声源自党员、干部、知识分子、人民群众的“真乐之心”。是乐心使共产党人与人民群众面对异常强大的国内外敌人时，能够齐心协力，共同为中国解放、民族独立探寻新路；是乐心使共产党人与人民群众直面一穷二白的物质困境，能够众志成城，共同创造经济大发展大繁荣。未来，共产党人与人民群众也必将在艰苦奋斗之乐心中凝聚融合，团结如一人，为实现中华民族伟大复兴共同努力奋斗！

① 全国政协文史和学习委员会编：《忆往谈旧录：梁漱溟回忆录》，中国文史出版社 2012 年版，第 160 页。

图书在版编目（CIP）数据

修好共产党人的“心学”/ 孙兵著 . -- 北京 ：东方出版社，2024. 9. -- ISBN 978-7-5207-3982-5

Ⅰ. D263.3

中国国家版本馆 CIP 数据核字第 2024K49H69 号

修好共产党人的“心学”

（XIUHAO GONGCHANDANGREN DE XINXUE）

作　　者： 孙　兵
策划编辑： 鲁艳芳
责任编辑： 朱兆瑞
出　　版： 东方出版社
发　　行： 人民东方出版传媒有限公司
地　　址： 北京市东城区朝阳门内大街 166 号
邮政编码： 100010
印　　刷： 北京联兴盛业印刷股份有限公司
版　　次： 2024 年 9 月第 1 版
印　　次： 2024 年 9 月北京第 1 次印刷
开　　本： 710 毫米 ×1000 毫米　1/16
印　　张： 15.5
字　　数： 192 千字
书　　号： ISBN 978-7-5207-3982-5
定　　价： 59.80 元
发行电话：（010）85924663　85924644　85924641